운의 메커니즘

운의 메커니즘

ⓒ서태양

초판 1쇄 인쇄 2025년 6월 6일

지은이 서태양(서동원)
디자인 김지혜
마케팅 아우름
펴낸곳 아우름
이메일 emsgo2024@gmail.com

ISBN 979-11-94600-36-7 (03190)

운을 읽고,
운을 바꾸고,
운을 경영하는 법

운의 메커니즘

서태양 지음

AURUM

복을 비는 삶과
운을 경영하는 삶

최근 한 전시회에서 유난히 눈길을 끄는 그림 한 점을 만났습니다. 검은 바탕 위에 하얀 선으로 그려진 열 개의 상징적 형상들. 전통 '십장생도'를 현대적으로 재해석한 일러스트였습니다. 해, 산, 물, 소나무, 거북이, 학, 사슴, 불로초, 구름, 바위. 이 열 가지는 예로부터 장수를 상징하며, 인간과 자연이 조화롭게 어우러져 복된 삶을 이루는 소망을 담고 있었습니다.

그 그림 앞에 서 있던 저는 문득 한 가지 질문이 떠올랐습니다. '복'과 '운'은 어떻게 다를까? 복은 누군가에게 빌어 받는 선물처럼 여겨집니다. 우리는 기도하고, 기원하고, 외부의 축복을 기다립니다. 호랑이는 액운을 쫓고, 까치는 좋은 소식을 전하는 길조라 믿으며 그들로부터 복을 얻으려 합니다. 그러나 삶을 돌아보면, 우리가 진짜 얻어낸 결과는 복을 빈 결과가 아니라 스스로 움직이고 선택한 과정에서 비롯된 것이 많았습니다. 복은 외부에 의지하는 수동이라면, 운은 스스로 만들어가는 능동입니다. 복은 누군가에게 기대지만, 운은 자기 내면의 선택입니다. 복은 비는 것이지만, 운은 경영하는 것입니다.

저는 삶의 크고 작은 결정들 속에서 운을 만들고 경영한다는 것을 조금씩 배워왔습니다. 기회는 가만히 있는 이에게 오지 않습니다. 오더라도 그것을 감지하고, 판단하고, 과감하게 실행하지 않으면 아무 일도 일어나지 않았습니다. '운이 좋았다'고 말하는 사람들의 공통점은 바로 이 4단계를 스스로 반복하며 운을 설계하고 축적했다는 사실입니다. 이 책은 그 경험을 바탕으로, 누구나 따라 할 수 있는 운의 작동 원리와 경영 전략을 안내합니다.

'운의 메커니즘' 은 어디서 어떻게 시작되었는가?

필자는 올해로 마흔아홉 살이 되었습니다. 유년 시절, 아버지의 사업 실패로 반지하방에 살았습니다. 창문은 낮고 좁아 오가는 사람들의 다리만 보였고, 그 사이로 햇살이 비쳤습니다. 그런 제게 유일한 빛은 어머니가 일터에서 들고 오신 '세계 위인전'이었습니다. 웅진출판사 외판원이셨던 어머니 덕분에 집 안엔 책이 넘쳤고, 내향적이었던 저는 그것들을 외울 정도로 읽고 또 읽었습니다. 그 책들을 읽으며 두 가지 꿈이 생겼습니다. '위인처럼 누군가에게 영향을 주는 사람'이 되는 것, 그리고 '작은 창이 아니라 큰 창으로 세상을 바라보는 삶'을 사는 것. 그러나 당시 그것은 너무도 먼 꿈처럼 느껴졌습니다.

스무 살, 중앙대학교 문예창작학과에 입학한 신입생이 되었습니다. 자료조사 아르바이트를 하다 우연한 기회에 MBC 라디오 〈별이 빛나는 밤에〉의 구성 작가가 되었습니다. 대학 신입생이 대형 프로그램에 정식 구성 작가로 활동하게 된 것은 이례적인 일이었습니다. 그러나 3개월 만에 술자리에서 DJ로부터 "네 대본이 게스트들 보기에 민망할 정도로 창피하니 그만두면 어떠냐"는 농담 섞인 지적을 받았습니다. 그러나 포기하기엔 자존심이 상했습니다. 저는 집에 들어가지 않고 사우나에서 지내며, 생방송이 끝난 밤 12시부터 사무실 벽장에 보관되어 있던 30년 치 라디오 원고를 새벽까지 필사하기 시작했습니다. 오전엔 학교로 등교하여 수업, 오후엔 방송국으로 출근하여 작가 업무, 밤엔 30년 간의 라디오 방송 원고 필사. 3개월 뒤, 저는 당시 게스트였던 유영석 작곡가에게 제법 달라졌다고 인정을 받았고 이후 2년 8개월 간 MBC 라디오 간판 프로그램의 정식 작가로서 활동을 하게 되었습니다. 그때 운의 기회는 주어질 수 있지만, 완성하고 지키는 것은 내 의지에 달렸다는 것을 처음 깨달았습니다.

운은 어떻게 만들어지는가?

라디오 작가 시절, 수백 통의 청취자 사연을 읽으며 공통점을 발견했습니다. 원하는 것을 이룬 사람들은 간절하게 원했고, 기회를 놓치지 않았으며, 즉시 행동했습니다. 반면, 많은 이들은 기회를 놓친 후 뒤늦은 후회를 털어놓았습니다. 저도 마찬가지였습니다. 절실했던 만큼 욕심도 커졌고, 수단과 방법을 가리지 않으려 할수록 제 삶은 고통스러워졌습니다. 제게 작가 일을 그만두라고 했던 DJ보다 더 유명해지고 더 돈도 많이 벌고 싶었습니다. 술김에 "내가 더 유명해질 거야. 두고 봐"라고 내뱉었습니다. 저의 치기어린 도발에 DJ는 빙그레 웃었습니다. 보란 듯이 증명하고 싶었지만, 현실은 점점 멀어졌습니다. 그는 국민 가수가 되었고, 저는 작가 일을 그만뒀습니다.

그 후 인생의 중요한 전환점이 찾아왔습니다. 우연히 떠난 전라도 여행길에서 머물렀던 고택에서 『토정비결』이라는 책을 만난 것입니다. 처음엔 점치는 책이라는 편견으로 거부감을 느꼈지만, 대학 과 선배가 쓴 서문을 보고 호기심을 가지고 책장을 넘기기 시작했습니다. 여행에서 돌아올 때, 저는 주인의 호의로 이 책을 선물받게 되었습니다. 우연히 제 손에 들어온 그 책을 만난 때가, 제 인생에 새로운 운의 씨앗이 뿌려진 순간이었습니다.

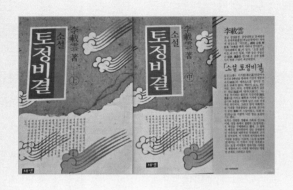

토정비결은 조선시대 토정 이지함이 쓴 책으로, 개인의 생년월일을
바탕으로 한 해의 운세를 예측할 수 있도록 도와주는 책입니다. 마치
일기예보를 보고 우산을 챙기듯, 인생의 중요한 순간을 미리 알고 준
비할 수 있다면 백성들이 더 나은 미래를 설계할 수 있을 것이라는 스
승 화담 서경덕의 의도를 받들어, 주인공인 이지함이 집필한 것으로
기록되어 있습니다. 토정비결은 요행이나 횡재를 가르치지 않습니다.
안될 때에는 준비를 철저히 하며 때를 기다리고, 잘될 때에는 보름달
도 언젠가는 기우는 이치를 깨달아 겸허하게 살라는 식으로 인내와 중
용과 슬기를 가르칩니다. 이는 오늘 행동심리학과도 연결되는 지점이
있습니다. 저는 이 책과의 만남을 계기로 '운'에 대해 더 깊이 관심을
갖고 공부하던 끝에 마침내 '주역(周易)'을 접하게 되었습니다.

주역은 3,000여년 전 삶의 흐름을 해석하고 예측하기 위해 고대 중
국에서 만들어진 동양 철학의 정수입니다. 뿐만 아니라 현대 서양 심
리학의 상징적 인물 중 하나인 칼 구스타프 융의 분석 심리학에도 주

요한 영감을 준 지혜서로 알려져 있습니다. 제게는 마치 우리의 인생 흐름을 가늠하고 예측할 수 있도록 도와주는 현대의 빅데이터처럼 느껴졌습니다. 저는 주역을 삶의 '운 코치'로 삼고 운을 경영하는 구체적인 방법을 정리하여 실제 삶에서 하나씩 실천했습니다. 그 결과, 저는 운을 관리하는 4단계를 만들었습니다.

1단계	감지	Sensing	주변의 작은 기회를 재빨리 포착한다.
2단계	판단	Judging	포착한 기회를 즉시, 정확히 평가한다.
3단계	실행	Acting	망설이지 않고 과감히 행동한다.
4단계	순환	Reinforcing	이 과정을 습관화하여 지속적으로 운을 축적한다.

운은 선택이며, 축적이다

지금 저는 어린 시절 꿈꾸던 크고 넓은 창 너머로 찬란하게 떠오르는 태양을 마주하며, 사람들의 움직임이 개미처럼 보이는, 대한민국에서 가장 높은 건물의 한 공간에서 글을 쓰고 있습니다. 30여 년이 지나 어린 시절 꿈을 당당히 이뤄낸 것입니다. 운이란 단순히 비는 것이 아니라 스스로 설계하고 창조하는 것이라는 깨우침이 강하게 들었습니다.

이제 여러분께 질문을 드립니다. "당신이 가장 간절히 원하는 삶은 무엇입니까?" "그리고 오늘, 당신은 그것을 위해 무엇을 어떻게 하고 있습니까?" 이 책을 통해, 더 이상 복을 비는 사람이 아니라, 운을 경영하는 사람으로 거듭나기를 바랍니다.《운의 메커니즘》은 당신의 운명을 바꾸는 전환점이 될 것입니다.

차례

Lesson 4 운을 계획하고 현실로 만드는 작동 원리
보이지 않는 운을 내 것으로 만드는 법

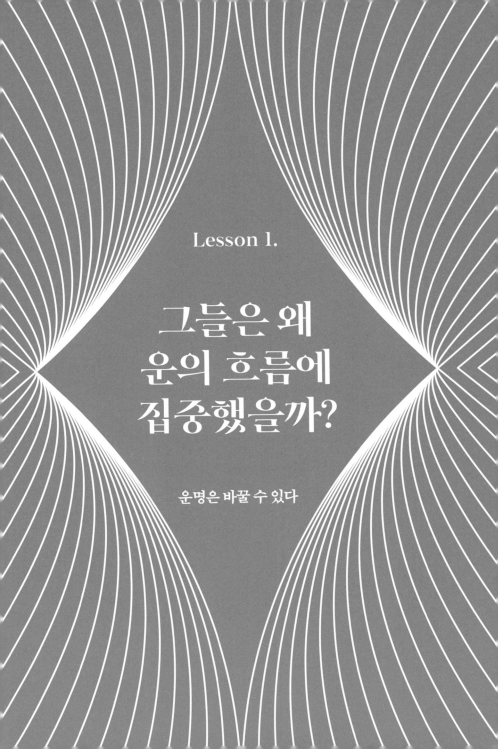

Lesson 1.

그들은 왜
운의 흐름에
집중했을까?

운명은 바꿀 수 있다

상식을 뒤엎는
운의 경영 방법

1. 싸이(박재상)와 박경림이 역발상으로 운을 경영한 이유

우리는 흔히 "운이 좋다"라는 말을 자주 씁니다. 우연히 큰돈을 번 친구, 유명해진 사람을 만난 지인들에게 비결을 물어보면 주로 '운이 좋았다' 라고 합니다. 이런 답변을 들을 때면 궁금해집니다. 도대체 운이란 무엇일까? 그리고, 운이 좋아지려면 어떻게 해야하는 걸까?

이러한 질문에 대한 답을 찾기 위해 잠시 옛날이야기 속으로 들어가보겠습니다. 먼 옛날, 아주 깊고 조용한 숲 속에 네 명의 여신이 살고 있었습니다. 그녀들의 이름은 바로 럭Luck, 페이트Fate, 오퍼튜니티Opportunity, 그리고 포춘Fortune이었습니다. 이 네 여신은 인간의 삶 속으로 깊숙이 들어가 각자의 방식으로 삶을 움직이고 이끌었습니다. 사람들은 아주 오랜 세월 동안 이 여신들의 이름을 불러오며, 자신들에게 찾아오는 신비한 사건들을 이해하려 애썼습니다.

첫 번째 여신인 럭Luck은 명랑하고 쾌활한 소녀의 모습을 하고 있었습니다. 그녀는 자유롭게 이곳저곳을 돌아다니며 기분 내키는 대로 사람들의 인생에 영향을 미쳤습니다. 그녀가 살짝 손을 흔들면 어떤 이는 갑자기 큰 행운을 얻기도 했고, 또 다른 이는 예상치 못한 어려움에 빠지기도 했습니다. 이렇게 우연하고 예측 불가능한 일들이 바로 '럭'의 본질이었습니다. 'Luck'이라는 단어의 뿌리는 고대 독일어 'Gelücke'에서 비롯되었는데, 이는 말 그대로 "뜻밖에 찾아온 행운"을 뜻합니다.

두 번째 여신인 페이트Fate는 아주 차분하고 냉정한 성격을 가졌습니다. 그녀는 커다란 책 한 권을 늘 지니고 있었는데, 이 책 속에는 모든 인간의 태어남과 죽음, 운명의 흐름이 이미 빽빽하게 적혀 있었습니다. 페이트는 이 책에 따라 사람들의 운명을 결정했습니다. 어느 집에서 태어날지, 어떤 부모를 만날지 같은, 인간이 스스로 선택할 수 없는 큰 흐름을 담당한 여신이었죠. 'Fate'라는 단어는 라틴어 'fatum'에서 왔으며, "이미 정해진 것"을 의미합니다.

세 번째 여신 오퍼튜니티Opportunity는 독특한 모습을 하고 있었습니다. 그녀는 발에 날개가 달린 신발을 신고 바람처럼 빠르게 움직였습니다. 그녀가 나타나는 순간은 매우 짧아서 항상 준비된 사람만 그녀의 손을 붙잡아 기회를 잡을 수 있었습니다. 준비되지 않은 사람들은 그녀를 놓쳐 아쉬워했습니다. 'Opportunity'는 라틴어 'opportunitas'에서 유래했는데, 이 말은 원래 배가 항해를 위해 알맞은 바람이 불기를 기다리는 순간을 뜻했습니다. 즉, 기회란 오래 머무르지 않고 순식간에 지나가는 것입니다.

마지막 네 번째 여신 포츈Fortune은 늘 우아한 미소와 아름다운 황금 장식으로 치장한 모습을 하고 있었습니다. 그녀는 사람들에게 지속적인 풍요와 안정, 축적된 부富를 가져다주는 존재였습니다. 'Fortune'은 로마 신화의 행운과 풍요의 여신 포르투나Fortuna에서 비롯되었고, 우리가 "큰돈을 번다"고 할 때 "make a fortune"이라 하는 것도 이 때문입니다. 포츈은 한순간의 우연Luck과는 달리 장기적이고 지속적인 좋은 흐름, 혹은 축적된 부를 의미하는 말이 되었습니다.

인간들은 이 네 여신과 함께 살아가며, 조금이라도 자신이 원하는 방향으로 삶을 변화시키고 싶어 했습니다. 그때 사람들 사이에서 새로운 생각 하나가 싹트기 시작했습니다. '운이라는 게 단순히 숙명적으로 결정된 것이나, 갑자기 찾아오는 행운에 의해 좌우되는 게 아니라면 어떨까? 만약 우리가 미리 준비를 잘하고, 늘 주변을 주의 깊게 살피고 있다면, 짧게 찾아오는 기회Opportunity를 잡아 쌓아나감으로써 지속적인 성공과 풍요Fortune를 만들어갈 수도 있지 않을까?' 바로 이때부터 인간들은 '운'이라는 것을 조금 더 능동적으로 바라보기 시작했고, 부자일수록 더 관심을 갖게 됩니다. 운을 그저 받아들이고 기다리는 수동적인 것으로 여기는 것이 아니라, 적극적으로 대응하고 관리할 수 있는 것으로 생각하게 된 것입니다. 성공을 경험해본 사람일수록 그 패턴을 지속적으로 반복했습니다.

운의 작동 원리에 대한 제 관점이 그렇습니다. 사람들이 인지하고 있는 '운'이란 럭Luck, 페이트Fate, 오퍼튜니티Opportunity, 그리고 포춘Fortune이라는 네 가지 요소가 절묘하게 어우러진 복합적인 힘이라는 걸 알 수 있습니다. 태어날 때 정해진 운명이라는 틀 안에서, 예측할 수 없는 우연이 찾아오고, 이를 미리 준비된 상태에서 포착하면 기회가 됩니다. 그리고 이렇게 포착한 기회들이 모이고 쌓이면 결국 지속적인 성공과 풍요로 드러나 궁극에는 삶을 빛나게 하는 것입니다.

필자가 운이라는 개념에 대해 호기심을 갖게 된 직접적인 계기가 있습니다. 스무 살이 되던 해에 MBC 라디오 〈별이 빛나는 밤에〉의 작가로 일할 때였습니다. 당시 저는 청취자 사연을 관리하며 '별밤 뽐내기'라는 코너를 담당했습니다. 그때 만난 여고생 박경림은 평범한 여학생과는 전혀 다른 사람이었습니다. 생기발랄하고 유쾌했지만, 목소리나 외모는 당시 방송가에서 통용되는 '호감형'과 거리가 멀었습니다. 각진 얼굴로 네모 공주라는 별명이 붙을 정도였습니다. 그런데 얼마 뒤,

그녀는 개그맨 김국진 씨와 함께 라디오 코너를 진행하게 되었고, 자신의 캐릭터를 살려 예상외로 큰 인기를 얻었습니다. 그때까지만 해도 저는 재미있는 청취자인 여고생 정도로 생각했던 그녀가 연예계에서 이토록 큰 성공을 거두리라고 당시엔 상상하지 못했습니다. 박경림의 귀인은 별밤지기 이문세였습니다. 박수홍, 김국진 등 그 어떤 대형 방송인을 만나도, 큰 나이 차이에도 "오빠!" 한마디로 친동생 이상의 친밀감을 만들어내는 탁월한 능력이 있었습니다.

놀랍게도 시간이 흐를수록 박경림은 누구보다 빠르게 방송가에서 주목받는 인물이 되었습니다. 그녀보다 외모도 뛰어나고 목소리도 아름다웠던 당시 방송국 아나운서들은 대부분 잊혔지만, 박경림은 그들과는 비교할 수 없을 정도의 명성과 부를 얻게 되었습니다. 소녀 가장과도 같은 처지에서 대기업 출신의 남편을 만나 성대한 결혼식을 올렸고, 데뷔 후 20여년이 지난 현재 시점에도 왕성한 활동을 하고 있습니다. 최근에는 뮤지컬 〈드림 하이〉의 출연자이자 크리에이티브 디렉터로 참여하며 큰 활약을 하고 있습니다. 업계 사람들은 그녀를 보며 입을 모아 말했습니다. "정말 운이 좋았지. 말이 돼? 저런 외모에? 저런 목소리에?" 저는 의아했습니다. '과연 박경림의 성공은 정말 단지 운 때문이었을까? 그녀보다 뛰어난 조건을 가진 사람들은 왜 사라졌을까? 운이란 정말 무엇일까?'

그 질문을 품은 채, 저는 방송계를 떠난 뒤 10년 후 부동산 관련 사업을 시작했습니다. 제가 운영했던 사업은 '건물주 학원'이었습니다. 많은 사람들이 이곳에서 부동산 투자의 기본을 배우고 건물주가 되는 꿈을 키웠습니다. 하지만 같은 수업을 듣고도 결과는 천차만별이었습니다. 놀랍게 성공해 거대한 부를 쌓은 사람도 있었지만, 똑같은 강의를 듣고도 망해 빈손으로 돌아간 사람도 있었습니다. 실력이나 노력의 차이라고만 하기엔 어딘가 부족한 설명이었습니다.

이때 제 머릿속에는 다시 박경림이 떠올랐습니다. 그녀와 방송국 아나운서들의 차이가, 성공한 수강생과 실패한 수강생들의 차이와 묘하게 겹쳐 보였습니다. 똑같은 기회가 주어졌지만 누군가는 성공하고, 누군가는 실패했습니다. 여기서 다시 의문이 깊어졌습니다. 정말 운은 타고나는 것일까? 아니면 우리가 의도적으로 설계하고 관리할 수 있는 것일까?

이 질문에 대한 실마리를 찾기 위해 저는 건물주가 된 수많은 사람들을 면밀히 관찰하기 시작했습니다. 성공한 이들의 이야기를 하나씩 듣다 보니 그들 사이에는 몇 가지 공통점이 있다는 걸 발견했습니다.

그 첫 번째 공통점은 작은 가능성을 절대 놓치지 않는 뛰어난 관찰력이었습니다. 이들은 주변에서 벌어지는 사소한 일조차 무심히 흘려보내지 않았습니다. 사소한 대화, 동료의 우연한 조언, 지역의 소문까지도 꼼꼼히 메모하고 기억해두었습니다.

둘째, 망설이지 않고 즉시 행동하는 실행력이었습니다. 기회를 발견한 순간, 그들은 긴 고민에 빠지지 않고 빠르게 움직였습니다. 실패할까 봐 두려워하는 대신, 일단 작은 행동이라도 시작했습니다.

셋째, 사람들과 적극적으로 관계를 맺고 신뢰를 쌓는 능력이었습니다. 그들은 새로운 인연을 만나면 주저 없이 도움을 청했고, 작은 인맥이라도 소중하게 가꿨습니다.

마지막으로, 실패에 무너지지 않는 강한 회복력이 있었습니다. 성공한 사람들은 실패를 피하지 않았고, 좌절 앞에서 다시 일어나려고 애썼습니다. 실패의 원인을 분석하고 다시 도전했습니다. 그들에게 실패는 끝이 아니라 새로운 시작이었습니다. 그 발상은 일반인의 패턴과 달랐습니다. 우리가 흔히 말하는 '역발상'으로 운을 창출했습니다.

이렇게 관찰을 이어가며, 저는 '운'이라는 것의 정체를 서서히 인지하기 시작했습니다. 운은 결코 하늘이 무작위로 내려주는 선물이 아니었습니다. 운이란, 우리가 일상 속에서 무의식적으로 반복하는 작은 습관들이 쌓여서 만들어내는 결과였습니다. 누군가는 운이 없다고 불평했지만, 성공한 이들은 스스로 운을 창출하는 공식을 깨우치고 자신만의 방식으로 고도화하고 있었습니다. 방송인 박경림은 단순히 운이 좋았던 게 아니라 누구보다 빠르게 작은 기회를 붙잡은 뒤, 망설이지 않고 새로운 도전을 했던 사람이었습니다.

그녀는 단발성 행운처럼 찾아온 기회를 놓치고 흘려보내지 않았습니다. 외모나 목소리 같은 조건이 아니라, 그녀가 가진 적극성과 타이밍, 사람들과의 관계 관리, 일에 대한 열정이 그녀의 운을 만든 비책이었습니다. 그녀의 관계 관리 능력은 타의 추종을 불허할 정도입니다. 그녀가 결혼식을 했을 때 몰려든 무려 5천여명이라는 엄청난 하객의 규모는 오로지 그녀 자신의 인맥 관리 덕분이라고 볼 수 있습니다. 관계 관리를 통해 방송인으로 성장을 할 수 있다는 생각은 누구나 할 수 있지만 그것을, 실체가 드러날 정도로 실현한 사람은 손에 꼽습니다. 저는 최근 작곡가 김형석 형님의 부친상 장례식장에서 박경림과 재회했습니다. 방송가를 떠난 후 20여년이 훌쩍 넘은 상황이었습니다. 그런데, 그녀는 저를 잊지 않고 알아봐주었고 서로 연락처를 주고 받으며 다시 관계를 이어가게 되었습니다. 그러면서 한편으로 생각을 다시 했습니다. 운은 자신에게 직접적이고 즉각적인 도움이 되는 사람뿐 아니라, '당장은 나와 상관없어 보이는 사람들과의 인연을 어떻게 관리하느냐에 따라 크게 달라질 수 있다'는 사실입니다.

　　사람들은 흔히 자신에게 분명한 이득을 주는 관계에 집중하지만, 박경림의 탁월한 역발상은 여기에 있었습니다. 그녀는 누구나 주목하는 유명한 인사만큼이나, 주변에서 평범하고 별다른 도움이 되지 않을 것 같은 사람들에게도 진심과 관심을 기울였습니다. 처음에는 그 관계가 어떤 가치를 가질지 알 수 없지만, 그녀는 그저 사람 자체를 소중히 여겼습니다. 결과적으로 오랜 시간이 흐른 뒤, 평범하고 사소해 보였던 관계가 전혀 예상치 못한 기회로 다가오곤 했습니다. 그녀가 5천여 명의 하객을 불러 모을 수 있었던 이유는 바로 그 역발상에 기반한 성실한 관계 관리 덕분이었습니다.

박경림, 결혼식 축의금만 5억 받았나...하객만 5천명

기사입력 2024.10.29 14:48 / 기사수정 2024.10.29 14:48

김예은 기자

출처 : https://www.xportsnews.com/article/1922317

　저 또한 박경림과의 재회를 통해, 당장의 필요와는 상관없이 꾸준히 이어가는 관계의 중요성을 다시금 깨달았습니다. 운의 진정한 메커니즘은 단지 '유용한 사람'만을 골라내어 관리하는 것이 아니라, 모든 인연을 귀히 여기고 진심으로 대할 때 비로소 작동합니다. 지금 당장 도움이 되지 않을 사람을 진정으로 아끼고 관리하는 역발상적 태도야말로, 내일의 더 큰 운을 만드는 핵심이라는 것을 분명히 깨닫게 되었습니다.

◆ 박경림의 운의 흐름 분석 ◆

신뢰 축적 → 귀인 형성 → 기회 유입 → 운의 확장

제 기억 속에 이런 인물이 한 명 더 있습니다. 필자는 서울시 서초구 반포에 위치한 세화고등학교를 졸업했습니다. 3학년 재학시절, 같은 반의 친구 박재상입니다. 훗날 이 학생은 가수 싸이(PSY)가 되어 글로벌 K-POP의 개척자가 됩니다. 제 기억 속 싸이는 당시 특별히 눈에 띄는 재능을 가진 학생은 아니었습니다. 유쾌하고 재치 있는 성격으로 교실 뒤편에서 친구들을 웃게 만드는 평범한 학생이었습니다. 지금 다시 봐도 졸업 앨범 속 모습은 지극히 평범해 보입니다.

출처 : 세화고등학교 졸업앨범 (1996.2)

필자가 MBC에서 방송작가 생활을 시작한 것은 1998년, 싸이가 가요계에 데뷔한 것은 2001년입니다. 싸이는 미국에서 음악을 공부한 후 작곡가로 자신의 곡을 판매하려 했지만 잘 풀리지 않았고 결국 직접 가수로 무대에 오르게 되었습니다. '엽기 가수' 컨셉으로 데뷔했을 때, 업계에서는 잠깐 반짝하다 사라질 또라이(?) 정도로 치부했습니다. 머리부터 발끝까지, 그리고 음악 스타일까지 그 어떤 것도 그 시대에 호감으로 불리던 가수 이미지와는 거리가 멀었습니다. 통상적인 가요계의 음반 기획자 시각에서 보면 싸이라는 가수 캐릭터 자체는 역발상이었습니다.

싸이는 여기서 멈추지 않고 지속적으로 역발상의 전략을 선택했습니다. 초기의 '엽기'라는 이미지를 성공적으로 정착시킨 이후, 그는 대중의 관심이 사그라들기 전에 빠르게 자신의 캐릭터와 음악적 방향에 변화를 주기 시작했습니다. 특히 싸이가 사용한 전략 중 눈여겨볼 부분은 바로 '콜라보레이션'이었습니다. 싸이는 자신의 독특한 개성을 잃지 않으면서도 다른 아티스트들과 협업을 통해 끊임없이 음악적 변신을 시도하며 스스로의 운을 새롭게 경영했습니다.

역설적으로 전혀 어울릴 것 같지 않은 장르나 스타일의 아티스트와의 만남을 통해, 싸이는 자신의 한계를 깨고 새로운 영역으로 진입할 수 있었습니다.

싸이의 운을 결정적으로 바꾼 콜라보레이션 전략은 특히 그의 대표적인 글로벌 히트곡 '강남스타일'에서 절정에 달합니다. 강남스타일이 세계적으로 엄청난 성공을 거두고 난 후에도 싸이는 자신이 만든 성공에 안주하지 않고, 해외 유명 아티스트들과 적극적으로 협업을 시도했습니다. 사실 이 또한 또 다른 역발상입니다. 많은 한국 아티스트들이 해외 진출에 성공하면 자신의 기존 성공 스타일에 집착하는 경향이 있었지만, 싸이는 오히려 전혀 예상치 못한 아티스트들과 과감한 협업을 시도하면서 '의외의 운'을 끌어들이는 전략을 사용한 것입니다.

이런 싸이의 음악적 변신과 협업 전략은 단지 일회성의 운이 아니라 장기적이고 지속적인 운을 축적하는 데 성공적인 전략이었습니다. 싸이는 자신의 본래 이미지와 개성을 유지하면서도 협업을 통해 끊임없이 새로운 운과 기회를 창조해 냈습니다. 그가 과거 '엽기 가수'라는 타이틀로 가요계에 등장했을 때는 누구도 그가 세계적인 스타가 될 것이라 예상하지 못했지만, 역발상적인 태도로 스스로의 운을 재구성했고, 결국 모두의 예상을 깨고 세계 무대에서의 성공을 거둔 것입니다. (싸이의 독창적인 '운 경영 전략'에 대해서는 다음 장에서 좀 더 자세히 살펴보겠습니다.)

이렇게 볼 때, 싸이의 운이 좋았던 이유는 단지 '강남스타일'이 전 세계적으로 히트했기 때문이 아닙니다. 진정한 이유는 그가 역발상적으로 타인과의 협업을 통해 새로운 운을 지속적으로 창조했고, 그것을 자신의 성장 동력으로 삼았기 때문입니다. 이 사례는 우리에게 시사하는 바가 큽니다. '운'이라는 것은 결코 수동적으로 기다리는 것이 아니라, 전략적이고 적극적으로 만들어가야 하는 것이라는 교훈을 줍니다.

운이란 자신에게 익숙한 영역 안에 머무는 것이 아니라, 오히려 전혀 어울리지 않을 것 같은 타인과의 협업과 같은 역발상적인 선택과 과감한 행동을 통해 새롭게 창조된다는 점에서 싸이는 운을 경영하는 탁월한 전략가였습니다. 싸이의 성공은 단순히 행운이 아니라, '남들이 하지 않는 선택을 과감히 실천하는 역발상'을 통해 자신만의 새로운 길을 만들어 간 결과였습니다.

싸이의 사례는 운이 단지 우연이나 행운이 아닌, 뻔한 공식을 깨고 자신만의 길을 창조하는 역발상적인 선택과 결단에서 비롯된다는 사실을 명확히 보여줍니다. 싸이의 인생은 남들과 다른 선택을 했기에 더 큰 운을 불러온, 역발상의 힘을 증명한 최고의 사례라고 할 수 있습니다.

2. 평범한 사람이 운을 끌어당기는 4가지 습관

제가 운영한 건물주 학원의 수강생들 중 성공 사례도 마찬가지였습니다. 건물주 학원이란 부동산 투자, 건물 매입, 관리 및 임대 수익 창출 등의 내용을 전문적으로 다루며, 수강생들이 건물주가 되는 데 필요한 실질적이고 구체적인 방법을 교육하는 학원입니다. 나이가 지긋한 수강생들은 강의실에서 얻은 정보 하나, 동료의 사소한 조언 하나를 놓치지 않고 기록했습니다. 그리고 바로 다음 날 작은 행동을 시작했습니다. 그 과정에서 만난 새로운 사람과의 관계를 소홀히 하지 않았고, 실패할 때마다 그 이유를 분석하는 행동을 반복했습니다.

그들 중에서도 특별히 기억에 남는 한 수강생이 있습니다. 그는 특별히 재력이 있거나, 뛰어난 투자 지식을 갖춘 사람도 아니었습니다. 중소기업에 다니며 성실하게 일하는 평범한 직장인이었습니다. 그럼에도 불구하고 그가 큰 자산을 이루고 성공적인 건물주가 될 수 있었던 데에는 명확한 이유가 있었습니다. 바로 '매스 미디어의 보도 흐름과 정반대의 선택을 한다'는 역발상적 투자 습관 때문이었습니다.

그가 투자로 큰 수익을 얻은 시기는 바로 코로나19 팬데믹이 한창이던 2020년이었습니다. 당시 전 세계는 공포와 불확실성 속에서 경제 위기를 겪고 있었고, 특히 부동산 시장은 급격한 침체 국면으로 접어들었습니다. 뉴스에서는 매일같이 코로나로 인한 경기 침체와 자산 가치 하락 가능성을 보도했고, 많은 사람들이 현금화 전략을 취하며 자산 매입을 보류했습니다. 주변에서는 하나같이 "지금은 절대로 투자할 때가 아니다"라는 말이 나왔습니다. 대부분의 투자자들이 시장에서 물러서고 방관자로 남아있던 시기였습니다.

그러나 이 수강생은 오히려 이 시점을 절호의 기회로 봤습니다. 그는 과감하게 서울 도심의 오래된 소형 아파트 매물을 집중적으로 살펴보기 시작했습니다. 당시 소형 구축 아파트들은 투자자들의 외면을 받았기에 매물이 넘쳤고, 가격 또한 시장 평균가보다 낮게 형성되어 있었습니다. 주변 사람들은 그를 만류했습니다. 심지어 가족들도 "이 불확실한 상황에서 왜 위험한 선택을 하느냐"고 걱정했습니다.

하지만 그는 남들의 조언에 흔들리지 않았습니다. 평소 기록과 분석 습관이 철저했던 그는, 과거 IMF나 금융위기 당시의 시장 흐름을 기록한 데이터를 상세히 분석하여 다음과 같은 공통점을 발견했습니다. 바로 '시장이 극도의 공포와 불확실성에 빠져 있을 때가 가장 좋은 투자 기회였다'는 사실이었습니다. 그때 시장에 진입한 사람들은 시간이 지나면서 오히려 가장 큰 수익을 거두었습니다.

이런 데이터를 기반으로 그는 망설이지 않고 행동했습니다. 오랜 구축 아파트 중, 교통과 입지가 좋은 매물 한 건을 선택하여 빠르게 계약을 진행했습니다. 그의 이런 결단력 있는 행동은 당시에는 무모해 보였지만, 결과적으로는 탁월한 선택이 되었습니다. 이후 얼마 지나지 않아, 코로나로 인한 팬데믹 상황 속에서도 부동산 시장은 예상과 달리 오히려 상승세로 전환되었습니다. 특히 서울 도심지의 소형 아파트는 빠르게 수요가 회복되었고, 그가 매입한 아파트는 재건축 추진 가능성이라는 추가 호재가 겹치면서 2배 이상의 자산 가치 상승이라는 성과를 거두게 되었습니다.

제가 이 수강생과 깊이 대화를 나누며 그의 성공 요인을 분석해 본 결과, 그의 결정이 단지 행운이나 우연이 아님을 명확히 깨닫게 되었습니다. 그는 그저 운이 좋은 사람이 아니라, 매 순간을 신중하게 관찰하고 기록하며 역발상적으로 움직이는 사람이었습니다. 대부분의 사람들이 감정적인 반응에 휘둘려 시장에서 물러설 때, 그는 냉정하게 시장을 분석하고 용기를 내서 남들과 다른 결정을 했던 것입니다.

또한 그는 주변 사람들과의 관계 관리에도 매우 탁월했습니다. 그는 매물을 찾는 과정에서 부동산 중개인과의 관계를 친밀하게 유지했고, 지속적으로 자신이 원하는 조건의 매물을 전달받을 수 있도록 신뢰를 쌓았습니다. 그가 가진 좋은 관계들은 향후 또 다른 투자 기회와 정보로 이어졌고, 이는 그의 자산 형성에 결정적인 도움을 주었습니다.

그가 성공적으로 역발상 투자를 실행할 수 있었던 이유는 결국 그가 평소에 실천한 4가지 습관 덕분이었습니다.

1. 그는 하루 단 3분이라도 주변의 작은 신호와 정보를 놓치지 않고 기록했습니다. 작은 변화와 정보를 빠짐없이 적어두는 기록 습관이 그의 투자 판단을 돕는 가장 큰 무기가 되었습니다.

2. 새로운 투자 기회를 발견하면 48시간 이내에 작게라도 행동을 시작했습니다. 아무리 좋은 기회라도 실천하지 않으면 아무 소용이 없다는 사실을 몸으로 알고 있었던 것입니다.

3. 그는 사람들과의 관계를 소중히 여기고, 언제든 도움을 주고받을 수 있도록 신뢰를 쌓는 습관을 꾸준히 유지했습니다. 투자는 결국 사람과 사람 사이의 신뢰를 기반으로 이루어진다는 것을 그는 너무나 잘 알았습니다.

4. 마지막으로 그는 실패와 실수를 두려워하지 않았습니다. 그는 예상치 못한 실패를 경험할 때마다 좌절하지 않고, "무엇을 배웠는가? 다음에는 어떻게 할까?"라고 질문하며 다시 일어서는 습관을 가지고 있었습니다. 실패는 그에게 오히려 더 많은 데이터를 축적할 수 있는 좋은 기회였습니다.

그때 저는 확신하게 되었습니다. 운이란 결코 단순한 우연이 아니라 구조화된 흐름이라는 것입니다. 작은 습관과 역발상적 선택들이 모여 만들어지는 결과물입니다. 운을 관리할 수 있는지 여부는 지금 내가 가진 작은 습관을 어떻게 관리하고 있는가, 그리고 남들이 두려워하거나 외면하는 순간에 얼마나 용기 있게 행동할 수 있는가에 달려 있습니다.

만약 지금 여러분이 운이 없다고 느낀다면, 자신에게 질문해 보십시오. '나는 주변에서 벌어지는 작은 신호를 얼마나 잘 관찰하고 있는가? 기회를 발견했을 때 얼마나 빨리 행동하고 있는가? 주변 사람들과의 관계에 얼마나 신경 쓰고 있는가? 실패할 때 좌절하지 않고 배움을 얻고 다시 일어서고 있는가?' 이 네 가지 질문에 스스로 자신 있게 답할 수 있다면, 여러분은 이미 운을 끌어당기기 시작한 것입니다.

운을 만드는 네 가지 습관을 일상에서 꾸준히 실천하는 순간, 여러분의 삶은 더 이상 운이라는 우연한 결과에 의존하지 않는, 명확하고 예측 가능한 시스템이 될 것입니다. 바로 지금부터, 운을 만드는 작은 습관을 시작하십시오. 운을 만드는 것은 결국 당신 자신입니다.

운의 혁신은
귀인을 만나고 시작된다

1. 기다리지 말고 먼저 찾아가야 하는 이유

싸이가 마냥 운이 좋아 승승장구만 했던 것은 아닙니다. 그에게도 큰 위기가 몇 번이나 있었습니다. 그는 데뷔 초기부터 남다른 개성과 독특한 스타일로 대중의 주목을 받았지만, 그만큼 구설수도 많았습니다. 싸이의 첫 번째 위기는 데뷔 직후였습니다. 그는 엽기적인 컨셉과 독특한 가사로 신선한 충격을 줬지만, 한편으로는 방송심의 규제라는 벽에 부딪혀 자주 방송 정지 처분을 받아야 했습니다. 이는, 대중과의 소통 창구를 제한시켜 인기가 급속도로 떨어지는 결과를 초래했습니다.

그뿐만 아니라 2007년, 병역 문제로 인해 큰 타격을 입었습니다. 당시 사회적으로 병역 비리에 대한 여론이 매우 민감했던 상황에서, 싸이는 병역을 부실하게 이행했다는 의혹이 불거져 언론의 집중 공격을 받았습니다. 이 사건은 그의 연예인 인생에 치명적인 타격을 줄 정도로 심각한 위기였습니다. 그는 결국 다시 군에 재입대해야 했고, 인기 절정의 시기였던 당시 그의 이름은 어느 순간 대중들의 관심에서 멀어지고 말았습니다. 재기 가능성마저 불투명한 상태였습니다.

　하지만 싸이는 여기서 무너지지 않았습니다. 오히려 그는 위기를 기회로 만드는 전략을 선택했습니다. 바로, 스스로 귀인을 찾아가는 적극적인 자세를 취한 것입니다. 대부분의 사람들은 위기에 처하면 자신의 실패와 어려움을 숨기고 주변 사람들과의 접촉을 피하게 됩니다. 그러나 싸이는 정반대로 움직였습니다. 그는 자신에게 조언과 도움을 줄 수 있는 사람들을 적극적으로 찾아갔습니다.

　싸이는 아내의 든든한 지원과 양현석 대표와의 오랜 인연 덕분에 YG 엔터테인먼트와 손을 잡게 되었습니다. 당시 YG는 이미 유명한 가수는 영입하지 않는다는 원칙을 고수하고 있었지만, 양현석 대표는 과감히 이 원칙을 깨고 싸이를 받아들였습니다. 더욱 놀라운 건 계약금이 0원이었다는 것입니다. 결국, 두 사람 모두에게 쉽지 않은 모험이었습니다. 양현석 대표는 싸이에게 초심으로 돌아가 본래의 음악적 색깔을 찾자고 제안했고, 이 제안을 통해 역사적인 히트곡 「강남스타일」

이 탄생하게 되었습니다. 싸이가 혼자 힘으로 모든 것을 해결하려 했거나, 수동적으로 귀인이 다가오기를 기다렸다면 이 같은 결과는 없었을 것입니다. 오히려 그는 스스로 먼저 귀인을 찾아가고 적극적으로 협력을 요청하는 용기를 발휘함으로써 자신에게 주어진 운의 흐름을 완전히 바꿀 수 있었습니다.

운의 혁신은 우연히 일어나는 것이 아닙니다. 싸이의 사례에서 알 수 있듯이 운의 혁신은 내가 필요한 순간에 귀인을 찾아 적극적으로 관계를 맺을 때 이루어집니다. 중요한 것은 귀인이 나타날 때까지 기다리는 수동적인 태도가 아니라, 지금 내가 누구와 만나야 하고 누구와 연결되어야 할지 고민하고 행동하는 적극적인 자세입니다.

싸이의 귀인을 먼저 찾아가는 전략은 다시 말해 운을 끌어당기는 능동적인 태도에서 비롯되었다고 볼 수 있습니다. 귀인을 만난다는 것은 단지 운이 좋아서 만나는 것이 아니라, 그 귀인을 만나기 위해 적극적으로 문을 두드리고 용기를 내는 선택의 결과입니다. 그리고 이런 선택은 결국 삶의 위기를 기회로 전환시키는 가장 강력한 힘이 됩니다.

지금 여러분에게도 싸이와 같은 위기가 있을 수 있습니다. 혹은 앞으로 다가올 수도 있습니다. 그러나 싸이처럼, 귀인을 기다리지 말고 먼저 찾아가십시오. 먼저 용기를 내어 손을 내밀고, 적극적으로 관계를 구축하십시오. 그러면 그 관계가, 당신의 위기를 극복하고 더 큰 성공으로 이끄는 결정적인 운의 흐름을 만들어 줄 것입니다. 싸이의 성공은 결국 그가 적극적으로 먼저 귀인을 찾아가는 전략에서 비롯된 것입니다.

　귀인을 만났다는 사실 그 자체보다 더 중요한 것은, 자신에게 부족한 부분을 명확히 파악하고 이를 귀인의 도움을 통해 이루고자 하는 구체적인 목표가 있었는가, 마인드셋mindset이 되어 있었는가 하는 점입니다. 그래야 귀인이 가진 잠재력과 영향력을 정확히 이해하고, 그들이 만들어 놓은 운의 흐름에 능동적으로 올라탈 수 있기 때문입니다. 그래야만 원하는 성과를 얻을 수 있습니다. 흔히 사람들은 이것을 '인맥을 활용한다'고 표현하지만, 타인의 운을 이용하는 것은 단순히 인맥을 쌓는 것과는 결이 다릅니다.

　자신에게 부족한 점을 정확하게 파악하고 상대방이 자신에게 제공할 수 있는 가치와 도움의 영역을 명확하게 정의한 상태에서 귀인을 만났기에, 싸이는 단순히 귀인을 만나는 행운을 얻는 데 그치지 않고 귀인의 운을 적극적으로 활용해 놀라운 성공을 이룰 수 있었던 것입니다.

　대부분의 사람들은 단지 유명하고 영향력 있는 사람과 만나거나 인연을 맺었다는 사실만으로 행운을 얻었다고 착각하곤 합니다. 하지만 실제로 운의 흐름을 성공적으로 활용한 사람들의 사례를 자세히 살펴보면, 그들이 단순히 귀인을 만나기만 한 것이 아니라 자신의 목표와 약점을 철저히 분석한 후 그것을 귀인의 도움을 통해 명확히 극복하거나 보완했다는 공통점이 있었습니다.

우리가 귀인을 만날 때 종종 간과하는 중요한 요소는 바로 이 점입니다. 단지 인맥을 넓히는 것이 목적이라면 명함을 주고받고 지인 목록을 늘리는 데서 만족할 수 있습니다. 그러나 타인의 운을 이용하여 내 인생의 운을 혁신적으로 바꾸고자 한다면, 반드시 자신에게 필요한 것이 무엇인지 명확한 목표 설정이 필요합니다. 자신의 강점뿐 아니라 약점까지도 철저히 분석하여 어떤 귀인의 어떤 도움을 받아야 하는지 분명히 할 수 있어야 합니다. 그래야만 귀인이 제공하는 운의 흐름에 효과적으로 올라타 자신이 원하는 목적지에 정확히 도달할 수 있습니다. 여기서 주목해야 할 중요한 점은, 싸이를 둘러싼 환경과 협력 파트너가 달라져도 자신의 본질적인 운과 정체성이 변하지 않도록 스스로 운을 경영했다는 사실입니다. 언제나 유쾌하고, 과감하며, 에너지 넘치는 무대를 보여준다는 점에서 그는 스스로의 운을 꾸준히 관리했습니다. 그는 자신의 강점을 명확히 인지하고 유지하면서도, 필요한 순간에 타인의 운을 전략적으로 활용하여 운의 범위를 크게 확장했습니다. 물론, 리스크 사례도 있었습니다.

2014년에 발표한 스눕 독과의 협업곡 '행오버(Hangover)'가 대표적인 사례입니다. '강남스타일'의 글로벌 히트 후, 싸이는 세계적인 인지도를 유지하기 위해 유명한 해외 아티스트와의 협업을 선택했습니다. 하지만 이 협업은 오히려 대중으로부터 싸이 본연의 정체성을 잃었다는 비판을 받았습니다. 당시 싸이는 스눕 독의 유명세와 글로벌 힙합 스타일에 다소 의존한 나머지, 자신 특유의 색깔과 매력을 명확히 보여주지 못했다는 평가를 받았습니다. 결국 '행오버'는 기대만큼 큰 호응을 얻지 못한 채 상대적으로 조용히 지나갔습니다. 이것은 귀인과의 협업에서 자신의 정체성을 충분히 지키지 못하면 오히려 역효과를 낼 수 있다는 중요한 교훈을 준 사례였습니다.

그러나 싸이는 이 실패를 철저히 분석한 것으로 알려져 있습니다. 그는 왜 '행오버'가 기대만큼 성과를 거두지 못했는지 철저히 고민했고, 자신이 귀인의 운을 활용할 때 어떤 기준을 세워야 하는지를 명확히 재정립했습니다. 이 분석 후 싸이는 다시 자신의 강점을 더욱 확실히 부각시키는 방향으로 귀인을 활용하는 전략을 펼쳤습니다. 이후 싸이가 발표한 협업곡들은 다시 싸이만의 독특한 매력과 정체성을 유지하면서 귀인의 운을 효과적으로 활용한 성공 사례로 이어지게 되었습니다. 이처럼 귀인을 만나는 과정에서 흔히 저지르는 실수 중 하나는 바로 자신의 본질과 정체성을 포기하고 상대방의 기준이나 스타일을 무작정 따라가려고 하는 것입니다. 하지만 그렇게 되면 결국 자신의 운을 오히려 해치게 되고, 장기적으로 진정한 성공을 이루기 어렵습니다. 운의 흐름에 성공적으로 올라타기 위해서는 무엇보다도 자신의 정체성과 가치를 유지하는 것이 필수적입니다.

귀인의 운을 활용하기 위한 가장 현명한 방법은 자신의 정체성과 강점을 철저히 유지하면서, 귀인이 제공하는 기회와 자원을 전략적으로 결합하는 것입니다. 귀인을 만났을 때 자신을 잃으면 안 되는 이유는 결국 귀인이 진정으로 원하는 것도 나의 진정한 모습과 강점, 그리고 그것을 유지하며 이뤄내는 성공이기 때문입니다. 타인의 운을 활용하여 자신의 운을 극대화하고자 한다면, 귀인의 도움을 적극적으로 받아들이되, 동시에 자신의 본질적 가치와 정체성은 결코 잃지 말아야 합니다. 귀인이 여러분을 돕고자 하는 이유는 바로 여러분만의 독특한 강점과 정체성 때문입니다. 귀인의 운을 이용하는 과정에서 자신을 잃는 순간, 귀인이 여러분을 도와줄 이유도 사라집니다.

　귀인을 활용하여 성공을 이루고 운의 혁신을 이루고자 한다면, 자신을 잃지 않고 본질을 유지한 채 귀인의 영향력을 전략적으로 활용하십시오. 자신의 약점은 귀인의 도움으로 극복하되, 자신의 강점과 정체성은 절대로 타협하거나 잃지 마십시오. 결국 자신의 운을 만드는 가장 강력한 비결은 귀인을 적극적으로 활용하면서도 자신을 지키는 능력입니다.

✦ 싸이(PSY)의 운의 흐름 분석 ✦

위기 → 귀인 요청 → 강점 활용 → 운의 반전

2. 꾸준하게 합리적이고 분석적인 시각으로
귀인을 만나야 하는 이유

한 번쯤은 누구나 이런 상상을 해본 적 있을 겁니다. '만약 내가 재벌가의 상속자와 결혼하면 어떻게 될까?' 배우자를 인생의 레버리지로 삼는 전략을 일컬어 신데렐라 콤플렉스라고 합니다. 제가 아는 방송국 아나운서 후배 역시 오랫동안 이런 생각을 갖고 있었습니다. 평범한 직장 생활에 지쳐 있었던 그녀는 우연한 기회에 유명한 재벌가의 자제를 만나 교제를 시작하게 되었습니다. 주변 사람들은 부러워했고, 그녀 역시 자신의 꿈을 이룰 절호의 대운이 왔다고 여겼습니다. 처음엔 그녀 자신도 몹시 들떠 있었습니다. 유명한 집안과의 인연이 자연스럽게 자신을 더 높은 차원의 삶으로 끌어올려 줄 것이라고 생각했습니다. 아나운서라는 직업 특성상 그녀는 대중 앞에 서는 일에 익숙했고, 사람들에게 보여지는 이미지 관리에도 능했습니다. 그래서 재벌가와의 만남 역시 크게 부담스럽지 않을 거라 자신했습니다.

하지만 막상 교제가 지속될수록 점점 자신감을 잃어갔습니다. 상대는 경제적 풍요뿐 아니라, 그녀가 생각하지도 못했던 수준의 높은 교양과 폭넓고 화려한 인맥을 가진 사람이었습니다. 처음 몇 번의 만남은 마냥 신기하고 즐거웠지만, 본격적으로 상대 가족들과 어울리는 자리에서는 상황이 달라졌습니다. 상대의 가족들과 자신의 가족들이 상견례한다고 생각하니 상상만 해도 아찔했습니다.

상대방 가족과의 식사 자리에 참석했을 때, 그녀는 처음으로 진정한 의미에서 주눅이 들었습니다. 상대방 가족들이 정치나 경제적 현안을 깊이 있게 토론할 때, 그녀는 도저히 대화에 끼어들지 못하고 자신이 좋아하는 연예계 뉴스나 가벼운 이야기를 할 수도 없어 더욱 작아졌습니다. 상대 가족들이 당연한 듯 나누는 이야기를 들으며 그녀는 점점 자신의 존재감을 잃어갔습니다. 돌아오는 길에 그녀는 스스로를 끝없이 비판하고 비참해했습니다. 그녀는 급기야 자신이 오랫동안 힘들게 쌓아왔던 커리어와 전문성을 스스로 폄하하고 깎아내리기 시작했습니다. 그녀가 이룬 모든 것들이, 그 화려한 집안 사람들 앞에서는 초라하고 사소하게만 느껴졌기 때문입니다.

이 상황이 지속될수록 그녀는 재벌가와의 만남을 통해 오히려 자신이 가지고 있던 본래의 운이 소멸되고 있음을 깨닫게 되었습니다. 재벌가라는 유명한 집안과 연결된 것만으로 자신의 인생이 자동적으로 업그레이드될 것이라 생각했지만, 실제로는 정반대였습니다. 자신의 본래 강점이던 말솜씨와 대중 앞에서 당당한 모습은 점점 사라지고, 대신 상대방과 자신을 비교하며 끝없이 위축되었습니다.

그렇게 한동안 괴로운 시간을 보내던 그녀는 어느 날 문득 이 모든 상황의 문제는 바로 자기 자신에게 있다는 것을 깨달았습니다. 문제는 상대방이 유명하거나 영향력 있는 인물이라는 점이 아니었습니다. 문제는 자신이 처음부터 '어떤 귀인을 만나야 하는지' 명확히 하지 않고,

단순히 유명하고 부유한 사람이면 모두 귀인이 될 거라 막연하게 기대했기 때문이었습니다. 유명한 사람이 나를 더 높은 곳으로 끌어올려 줄 것이란 막연한 기대는 오히려 자신감을 떨어뜨리고, 스스로의 운을 폄하하는 결과를 낳았습니다. 또한 준비되지 않은 상태에서 생각지도 못한 귀인(특히 정치인이나 재벌가와 같은 유명하고 영향력 있는 사람)을 무조건 좋은 인연이라 생각하며 하늘이 내려주신 대운이라고 착각하고 그들의 제안을 덜컥 받아들일 경우, 결국 본인의 본질적인 가치와 운의 방향성을 잃고 크게 흔들릴 위험이 있다는 것을 뼈저리게 느꼈습니다.

귀인을 만난다는 것은 단지 유명하거나 부유하거나 권력 있는 사람과 인연을 맺는 것이 아닙니다. 귀인을 만난다는 것은 내가 가진 목표와 꿈을 정확히 파악하고, 그것을 이루기 위해 필요한 인물과 정확하게 연결되는 것입니다. 성공한 사람들은 자신에게 필요한 귀인이 누구인지를 명확히 알고 있었습니다. 금융 지식이 부족한 사람은 금융전문가나 세무사를 귀인으로 삼았습니다. 좋은 매물을 찾고 싶은 사람은 해당 지역의 부동산 중개인과 신뢰를 쌓았습니다. 귀인을 만나는 데 있어 가장 중요한 것은 바로 자신에게 실질적으로 도움을 줄 수 있는 사람을 구체적이고 명확하게 시각화하는 것입니다.

그런 의미에서 싸이의 귀인 활용 전략을 다시 떠올려 볼 필요가 있습니다. 싸이는 자신의 음악적 강점과 약점을 명확하게 파악했고, 자신에게 부족한 영역을 정확하게 보완할 수 있는 귀인을 선정했습니다.

그는 자신의 약점을 보완하고 강점을 강화해 줄 귀인을 분석적으로 선택해서 콜라보를 했습니다. 이재훈, 박정현, 성시경, 아이유, BTS 슈가와 같은 다양한 색깔과 명성을 지닌 아티스트들과 협업하며 철저하게 자신의 강점을 유지한 상태에서 귀인의 운을 효과적으로 활용했습니다. 이는 싸이가 막연히 유명한 사람과 만나는 것만으로 성공을 기대하지 않고, 자신이 필요로 하는 구체적인 귀인을 철저히 준비하고 분석하여 전략적으로 접근한 결과입니다.

결국 귀인을 통해 자신의 운을 바꾸고자 한다면 막연히 유명한 사람이나 영향력 있는 사람에게 기대지 말아야 합니다. 내가 가진 목표가 무엇이고, 그것을 이루기 위해 어떤 능력과 자원을 갖춘 귀인이 필요한지 구체적으로 시각화해야 합니다. 그래야만 귀인을 만났을 때 자신을 잃지 않고, 주눅 들지 않으며, 오히려 자신의 본래 운을 더 강력하게 활용할 수 있게 됩니다. 만약 그 반대의 상황이 된다면 자신이 지켜오고 키워온 운이 소멸되고 말 것입니다.

귀인을 만나는 일을 우연에 맡기면 오히려 독이 될 수 있습니다. 자신에게 실질적인 도움이 될 귀인이 누구인지 명확히 설정하고, 철저히 준비된 상태에서 만나야만 그 만남이 운명의 전환점이 됩니다. 결국 귀인을 만나는 운은 막연히 기다리는 것이 아니라 스스로 준비하고 계획하며 적극적으로 만들어가는 것입니다.

과거의 선택을 바꿀 수는 없지만, 지금부터 어떤 선택을 하느냐에 따라 당신의 운은 완전히 다른 방향으로 흘러갈 수 있습니다. 운을 관리하고 개선하려면 무엇보다 자신의 운을 정확히 진단하는 것이 중요합니다. 자신을 제대로 이해하지 못하면 운을 내 편으로 만들 수 없기 때문입니다. 지금까지 놓친 기회를 다시 찾으려면, 이제 당신의 운을 냉정하게 돌아볼 때입니다. 다음 장에서 제시하는 일곱 가지 핵심 지표를 통해 여러분이 몰랐던 자신의 운을 명확히 진단하고, 내일부터 당신의 운명을 직접 바꿔보십시오.

3장

지금 당장 '내 운'을
진단해야 하는 이유

1. 운을 진단하는 핵심 지표 7가지

1. 나의 운을 알아보는 핵심 지표 7가지

아래의 질문은 여러분의 운이 어떤 패턴으로 움직이고 있는지 밝혀줄 것입니다. 각 질문을 읽고, 마음에 가장 먼저 떠오르는 장면을 기록해 보세요.

최근 1년간 가장 운이 좋았다고 느낀 순간은 언제였습니까?
⋯▸ 그때 여러분은 무엇을 하셨습니까?

최근 1년간 가장 운이 나빴다고 느낀 순간은 언제였습니까?

⋯→ 무엇이 문제였고, 어떻게 반응하셨습니까?

여러분의 인생에서 가장 결정적이었던 기회는 무엇이었습니까?
⋯→ 그 기회는 우연이었습니까, 아니면 여러분이 만든 것이었습니까?

과거의 중요한 선택 중 후회되는 순간은 무엇입니까?
⋯→ 그때 왜 그렇게 결정하셨습니까?

여러분의 인생에서 가장 도움이 되었던 사람은 누구입니까?
⋯→ 그 관계는 어떻게 시작되었습니까?

지금까지 여러분이 가장 크게 실패한 경험은 무엇입니까?
⋯→ 그 실패에서 무엇을 배우셨습니까?

지금 현재, 여러분은 운이 좋은 편이라고 생각하십니까?
⋯→ 그렇게 생각하는 이유는 무엇입니까?

이 질문들에 답을 적으며 여러분은 운의 흐름 속에서 나타나는 자신만의 패턴과 특징을 발견하게 될 것입니다.

2. 출생 후 현재까지 운의 흐름 관찰하기

운은 갑자기 생겨나지 않습니다. 과거에 여러분이 어떤 선택을 했는지, 그리고 그 결과로 지금의 운이 형성되었는지 파악하는 것이 중요합니다. 아래 표를 작성해 자신의 삶 전체를 객관적으로 돌아보십시오. 인생의 주요 사건이 일어난 시점을 떠올리고 분석해 보세요. 작성 예시는 다음과 같습니다.

나이	주요 사건	운이 좋았던 이유	운이 나빴던 이유	배운 점
20세	대학입학 실패	-	준비 부족	더 철저히 준비할 필요성
25세	취업 성공	좋은 멘토를 만남	-	적극적 관계 형성의 중요성
35세	투자 실패	-	성급한 판단	신중한 정보 검토 필요

자신의 인생을 표로 정리하면 운이 언제 좋았고 나빴는지, 그때 어떤 선택이 운을 바꿨는지 한눈에 알 수 있습니다.

3. 운이 안 좋았을 때를 기록해야 하는 이유

운이 안 좋았던 순간을 구체적으로 기록하는 이유는 같은 실패를 반복하지 않기 위함입니다. 다음의 형식으로 간단히 정리해 보십시오. 살다 보면 유난히 운이 나빴던 순간들이 있습니다. 하지만 그 이유를 제대로 분석해 본 적은 얼마나 있습니까? 운이 나빴던 순간을 기록하고 분석하는 것은 운을 근본적으로 바꾸는 강력한 시작점입니다. 다음 양식을 활용해 여러분의 과거 경험을 구체적으로 기록합니다.

가장 운이 안 좋았을 때는 언제였습니까?

(예) 2022년 3월, 부동산 투자에서 큰 손실을 봤습니다.

무슨 일이 있었습니까?

(예) 친구의 말을 믿고 정확한 조사 없이 성급하게 투자를 결정했습니다.

왜 그런 일이 발생했습니까?

(예) 빠른 수익을 기대하며 깊은 고민 없이 결정했기 때문입니다.

당시 나는 어떻게 대응했습니까?

(예) 모든 투자를 두려워하게 되었고, 이후 좋은 기회도 계속 놓쳤습니다.

지금 돌아본다면 어떻게 해야 했습니까?

(예) 전문가의 조언을 듣고 충분한 정보를 수집한 뒤 신중히 판단했어야 했습니다.

이렇게 과거의 불운한 경험을 객관적으로 기록하고 정리하면, 여러분의 운을 결정하는 습관과 패턴을 명확히 볼 수 있습니다.

4. '운 코치의 시각'으로 자신의 운을 분석하기

이제 한 걸음 더 나아가 보겠습니다. 여러분의 과거 사례를 운 코치의 시각에서 다시 살펴보는 것입니다. 3,000여 년 동안 인간의 삶과 세상의 변화를 분석하고 패턴화한 고대의 데이터 시스템인 운 코치의 도움을 받아 오늘날 우리가 빅데이터를 통해 트렌드를 예측하듯, 자신의 운을 분석해 봅니다. 운 코치는 운이 나쁠 때를 대부분 다음의 세 가지 이유에서 찾습니다.

1. **때를 잘못 선택했는가?**

   타이밍을 잘못 잡으면 아무리 좋은 일도 나쁘게 흘러갈 수 있습니다. 내가 했던 선택이 너무 이르거나 너무 늦지 않았는지 점검하십시오.

2. **정보가 충분하지 않았는가?**

   충분한 정보를 얻지 못한 상태에서 내린 결정은 실패로 이어질 가능성이 높습니다. 그 결정의 배경을 다시 돌아보십시오.

3. **인간관계를 소홀히 했는가?**

   주변 사람과의 관계나 신뢰가 부족했다면, 뜻밖의 문제나 방해를 받을 수 있습니다. 당시 주변 사람들과 관계는 어땠는지 점검하십시오. 위의 사례를 운 코치의 관점에서 다시 분석하면 다음과 같이 정리될 수 있습니다.

⋯→ 시기 : 시장 상승세가 이미 끝나가는 시기였습니다.

⋯→ 정보 : 정확한 분석이나 전문가의 조언을 받지 않았습니다.

⋯→ 관계 : 친구의 말만 믿었고, 전문가와의 네트워크를 활용하지 않았습니다.

이러한 분석을 통해 내가 놓친 것, 부족했던 점을 명확히 알 수 있습니다. 결국 여러분의 불운은 우연이 아니라, 명확한 원인과 결과의 관계 속에서 발생한 것입니다. 이제 여러분 차례입니다. 기록한 불운한 경험을 다음의 표를 활용해 운 코치의 관점에서 다시 분석해 보세요. 결혼, 취업, 창업, 투자 모든 분야에 적용이 가능합니다. 여러분의 인생을 바꿔놓는 터닝 포인트가 될 만한 바로 그 사건을 떠올려 보십시오.

‖ 작성 예시 ‖

사건	잘못된 시기	부족한 정보	소홀한 관계	교훈
투자 실패	시장이 하락기에 들어섬	전문가 의견을 구하지 않음	친구 외에 다른 조언자 없음	정보를 충분히 얻고 신중히 판단

다음 단계는 운을 개선하기 위한 명확한 방향성을 잡는 것입니다. 운이 좋아지는 방법은 결국 뚜렷한 패턴을 인지하고, 그것을 반복하지 않는 것에서부터 시작됩니다. 바로 내일 아침부터 운이 좋아지기 위해 어떤 노력을 해야 할까요? 이제 분석을 끝낸 여러분이 내일부터 당장 운이 좋아질 수 있도록 구체적인 변화를 설계해 보겠습니다. 운을 크게 바꿀 필요는 없습니다. 내일 아침부터 할 수 있는 작은 습관이면 충분합니다.

- **하루 5분, 일상의 신호를 기록하기**
  사소한 대화나 뉴스도 좋습니다. 주변의 작은 변화에서 기회를 찾는 습관을 키우십시오.

- **기회를 발견하면 48시간 안에 행동하기**

  간단한 이메일, 짧은 메시지라도 좋습니다. 첫걸음을 망설이지 않는 습관을 가지십시오. 매주 최소 한 명과 만나 대화를 나누세요.

- **전문가든, 동료든, 지인이든 작은 관계도 소중히 하고 신뢰쌓기**

  매일 하루 끝에 짧게 실패와 교훈을 기록하세요.

- **같은 실수를 반복하지 않도록 관리하기**

  운이 좋아지는 것은 결코 우연히 일어나지 않습니다. 여러분이 내일부터 시작하는 작은 변화들이 여러분의 운을 결정적으로 개선할 것입니다.

여러분에게 묻겠습니다. 지금까지의 분석을 통해 내일부터 바꿔야 할 가장 중요한 한 가지는 무엇입니까? 다음 장에서는 운을 구체적으로 관리하고 성장시키는 방법을 더욱 상세히 다루겠습니다.

2. 운을 설계하는 합리적인 사고방식

운이라는 말을 들으면 여러분은 무엇이 떠오릅니까? 로또에 당첨된 사람, 예상치 못한 승진, 부동산 투자로 대박 난 친구. 대부분의 사람들은 운을 생각할 때 이런 뜻밖의 행운이나 우연한 사건을 떠올립니다. 그래서 운을 그저 하늘에서 떨어지는 행운의 선물이라고 믿습니다. 하지만 과연 그럴까요? 운은 그런 것이 아닙니다. 운은 결코 단순한 행운이 아니며, 하늘이 던져주는 복권도 아닙니다. 운의 진짜 미션은 우리 삶에 변화를 일으키는 데 있습니다. 운은 우리가 지금보다 나은 삶을 살기 위해 존재하며, 그 삶을 만드는 주체는 바로 여러분 자신입니다.

하루의 아침을 SNS로 시작하는 여러분을 상상해 보십시오. 눈을 뜨자마자 스마트폰을 켜고 인스타그램을 엽니다. 호캉스를 즐기며 명품 쇼핑을 하는 사람들, '경제적 자유'를 외치며 발리의 한 리조트에서 칵테일을 든 채 셀카를 찍은 인플루언서들. 새벽부터 헬스장에서 열심히 운동하며 '성공한 하루'를 시작하는 사람들의 사진까지. 한순간 피로감이 밀려듭니다. '나만 이렇게 사는 걸까?' '내 인생은 대체 언제쯤 풀릴까?' 부러움과 동시에 찾아오는 자괴감, 그리고 한숨. 오늘 하루 여러분의 운은 어떻게 작용할까요?

사실 SNS(소셜 미디어)를 본다는 것은 단순히 다른 사람의 일상을 들여다보는 것이 아닙니다. 특히 부자들의 화려한 라이프스타일을 볼 때마다 우리는 그들의 운을 무의식적으로 소비하고 있습니다. '나도 저렇게 되고 싶다'는 막연한 열망이 피어납니다. SNS 속 부자들은 마치 자신들이 가진 운을 시각적으로 보여주는 듯합니다. 그들의 운은 매우 매력적이며, 따라 하고 싶은 욕망을 자극합니다. 그러나 여기서 중요한 질문을 던져보겠습니다. 그들의 운을 보는 게, 과연 내 운을 만들어가는 데 도움이 될까요? 결론부터 말하자면, 그렇지 않습니다. 오히려 여러분의 운을, 여러분에게서 더 멀어지게 만들 수 있습니다.

SNS에 등장하는 성공한 사람들의 삶은 아름답지만, 여러분에게는 때로 독이 될 수 있습니다. 왜냐하면 SNS의 특성상 우리는 과정이 아닌 결과만 보기 때문입니다. 부자들은 어떻게 돈을 벌었고, 어떤 운의 흐름을 따라 살아왔는지 구체적으로 알려주지 않습니다. 단지 현재의 화려한 결과만 자랑할 뿐입니다. 여러분은 부자들의 운을 바라보며 기분이 좋아지는 것이 아니라, 그들과 자신을 비교하며 부정적인 감정으로 하루를 시작하게 됩니다.

'난 언제쯤 저렇게 살 수 있지?' '역시 난 안 되는 사람인가 봐.' 이러한 생각은 오히려 여러분의 운을 막는 최악의 습관입니다. 그렇다면 정말로 운이 좋은 사람과 운이 나쁜 사람의 차이는 무엇일까요? 진짜 운이 좋은 사람은 SNS 속의 타인의 운을 부러워하거나 맹목적으로 소비하지 않습니다. 대신 그들은 자신만의 운을 찾아 관리하고, 작은 기회를 통해 변화를 만듭니다. 부자들의 SNS에 중독된 사람은 타인의 운을 보며 하루를 시작하고 자신의 부족한 운만 확인합니다. 그러나 진짜 운이 좋은 사람은 하루를 자신의 목표와 계획을 점검하는 것으로 시작합니다.

3. 운은 삶을 변화시키는 '버튼'입니다. 누르면 시작됩니다.

운은 왜 존재할까요? 바로 삶의 변화를 이끌어 내기 위해서입니다. 살면서 누구나 변화를 원합니다. 더 나은 직장, 안정적인 경제적 자유, 좋은 인간관계, 건강한 삶을 꿈꿉니다. 하지만 많은 사람이 변화를 꿈꾸기만 할 뿐 쉽게 움직이지 못합니다. 이때 운은 여러분이 변화를 향해 첫 걸음을 내딛게 하는 강력한 트리거(방아쇠)가 됩니다.

운이 좋다고 평가받는 사람을 떠올려 보십시오. 그들은 결코 가만히 앉아 있지 않습니다. 작은 기회를 놓치지 않고, 움직이고 도전합니다. 운이 좋은 사람은 변화하는 사람입니다. 운은 변화 앞에서 멈추지 않는 사람을 위해 준비된 보상입니다. 운은 여러분이 변화를 만들어내는 행동을 시작할 때 비로소 움직입니다.

흔히 사람들은 운을 주먹구구식으로 사용합니다. 막연히 행운이 오기를 기다리고, 좋은 일이 벌어지기를 바랍니다. 그러나 이런 식으로 운을 사용하는 사람에게 운은 절대로 오지 않습니다. 운은 그렇게 우연히 찾아오는 것이 아닙니다. 운은 계획적이고 전략적인 접근을 통해 다룰 수 있는 대상입니다. 고대의 현인들은 이미 이 사실을 알고 있었습니다. 운 코치는 우리 삶의 방향을 잡아주는 강력한 조언자일뿐 아니라, 운을 제대로 관리할 수 있는 전략가의 역할을 해준다고 인식하면 됩니다. 운을 관리하려면 운 코치의 원칙처럼 때를 알고, 정보를 모으며, 사람과의 관계를 다지는 구체적이고 명확한 전략을 따라야 합니다. 이렇게 운을 전략적으로 접근하는 사람만이 진정한 운을 얻게 됩니다.

운을 관리하는 것이 어렵고 복잡하다면, 누구도 그것을 지속할 수 없습니다. 운을 관리하는 일은 마치 패스트푸드를 먹는 것처럼 쉽고 간단해야 합니다. 어렵고 복잡하면 결국 지속하지 못합니다. 운은 작은 습관 하나만으로도 충분히 변화시킬 수 있습니다.

운을 끌어들이기 위해서 반드시 해야 하는 행동과 해서는 안 될 행동이 있습니다. 내일 아침부터 SNS를 켜기 전에 단 5분만 시간을 내어 운을 관리하는 습관을 들여보십시오.

타인의 SNS 대신 자신의 하루를 계획하고 자신의 SNS에 기록하세요. SNS에 들어가기 전에 하루의 가장 중요한 목표와 우선순위를 명확히 적으세요. 남이 아닌 자신이 주인공이 되어 하루를 시작해야 운이 여러분에게 흘러듭니다. 자신에게 질문을 던지세요.

⋯ 오늘 하루 가장 기대되는 일은 무엇인가요?
⋯ 오늘 하루 내가 반드시 피해야 할 행동은 무엇인가요?
⋯ 오늘 하루 내가 새롭게 시도할 작은 변화는 무엇인가요?

이 세 가지 질문에 대답하면서 여러분의 하루를 컨트롤하는 습관을 기르십시오. 운이란 내부에서 바깥으로 흐릅니다. 그것이 시작입니다. 외부에서 들어오는 운과 부딪쳐 더 큰 운으로 창출되는 것입니다. SNS 중독의 가장 큰 문제는 바깥에서 안으로 운을 가져오기만 한다는 점입니다. 그러면 내면의 운이 자랄 수가 없습니다. 진정한 운은 결코 외부에서 들어오지 않습니다. 여러분의 내면에서 시작되어 바깥으로 흘러갈 때만 진짜 운이 됩니다.

진정 운이 좋은 사람이 되고 싶다면, SNS 속 남의 운을 소비하기 전에, 여러분 자신의 운을 직접 견고하고 단단하게 만드십시오. 여러분의 작은 행동으로부터 운명의 변화가 시작됩니다. 운의 미션을 기억하세요. 운을 관리만 잘해도 여러분의 운명이 놀랍게 바뀔 것입니다.

4장

운의 배분 방법

1. 운의 흐름을 지배하는 방법

어린 시절, 한때 반지하방에 살던 제가 지금은 대한민국에서 가장 높은 건물에 살고 있습니다. 30여 년 전에 대한민국에서 가장 높은 건물을 목표로 삼은 것은 아닙니다. 하지만, 큰 창문이 있는 곳에 살고 싶다는 생각을 단 한 번도 놓친 적이 없습니다. 이렇게 극적으로 달라진 삶을 돌아보면, 과연 제 운은 어떤 순간에 바뀌었던 것인지 추적이 가능합니다. 1977년 10월 10일, 서울 신촌 세브란스 병원에서 출생할 당시 마포구 연남동 단독주택에서 살았다고 합니다. 어려서 기억은 잘 안 나지만 사진으로 당시의 유복함을 짐작할 수 있었습니다.

그러나, 사업을 했던 아버지의 운은 등락을 거듭했습니다. 처음 반지하방에서 살게 된 건 어린 시절 아버지의 사업이 부도를 맞으면서였습니다. 그때 저는 아주 어렸지만, 아버지와 떨어져 살면서 어머니, 동생과 함께 그 좁고 어두운 방에서 창문을 바라보며 조금이라도 더 큰 창문이 있는 집에서 살고 싶다는 생각을 매일 하곤 했습니다. 어머니는 웅진 출판사의 위인전을 판매하는 출판 외판원을 하였는데 덕분에 집에는 책이 늘 한가득이었습니다. 그 책들은, 내향적이라 주로 방 안에만 있던 저에게 위로가 되었고 모험이 되었습니다. 그때 읽은 이원수 아동문학전집과 위인전 시리즈는 달달 외울 정도가 되었습니다. 그리고 반지하방의 창문이 조금씩 커질수록 뭔가 한 걸음씩 꿈에 다가가고 있다는 성취감이 들었습니다.

그러던 어느 날, 할머니의 부름을 받고 마포구 서교동의 큰아버지 집으로 들어갔습니다. 큰아버지는 할머니를 모시고 살고 있었습니다. 저는 어릴 때 그곳을 '큰집'이라 불렀는데, 방이 10개가 넘는 200여평 규모의 저택이었던 큰집에서의 생활은 이전과 달리 풍족했습니다. 주변의 집들은 모두 큰집처럼 컸습니다. 경사가 심한 좁은 골목의 반지하 방에 살던 제게 평지의 넓다란 골목을 다니며 주변의 집들을 구경하는 재미도 좋았습니다. 높고 커다란 대문 넘어 펼쳐진 정원에는 작은 연못이 있었고 여러 계단을 올라가야 집의 현관으로 진입할 수 있는 3층 규모(지하 1층, 지상 2층)의 주택이었습니다. 이 집은 창문이 아주 컸고, 햇살도 풍족하게 들어왔습니다. 마음의 소원이 다 이뤄진 듯했습니다. 큰아버지는 할머니가 낳으신 13형제 중에서도 가장 큰 부자로 살고 있었고, 덕분에 저 또한 어린 시절을 비교적 여유롭고 즐겁게 지냈습니다. 큰아버지가 장손이었지만 아들이 없었기 때문에 할머니는 유독 막내아들의 아들인 저를 장손의 아들처럼 예뻐해 주셨습니다. 할머니는 장손인 큰아버지에게 저를 양자로 입양하여 집안의 대를 이을 장손으로 삼으라고 권유하실 정도로 큰 사랑을 주셨습니다. 오죽하면 2층에 마련해주신 방이 아닌 할머니 방에서 먹고 자고 할 정도였습니다. 하지만, 그 운도 할머니께서 돌아가신 이후로 바뀌었습니다. 할머니의 소천 이후 큰아버지와의 인연도 점점 멀어졌고, 다시금 운은 흔들리기 시작했습니다.

다행히 고등학교때 즈음, 아버지께서 다시 사업을 성공시키면서 우리 가족은 8학군의 고급 빌라를 거쳐, 넓은 아파트로 이사할 수 있게 되었습니다. 그때는 한동안 어렸을 때 큰 창문이 있는 집에 살고싶다는 꿈을 잊고 지냈습니다. 삶이 드디어 안정됐다고 느낄 무렵, 아버지의 사업은 또다시 위기를 맞았습니다. 다시 찾아온 어려움으로 인해 우리 가족의 운은 또 한 번 아래로 곤두박질쳤습니다. 그때, 용돈을 위해 아르바이트로 하던 라디오 방송작가가 직업이 되었습니다. 더 큰 돈을 벌 수 있는 장르를 찾으며, 작가로서의 삶을 끊임없이 개척해 나갔습니다. 라디오 작가보다 돈을 더 많이 벌 수 있다는 MBC 예능 프로그램 〈일요일 일요일 밤에〉, 〈섹션TV 연예통신〉의 구성 작가로 일을 했고, 당시 성인 시트콤 〈세친구〉가 휩쓸던 시절에 "억대 작가가 될 수 있다"는 말에 이끌려 시트콤 작가 공채에 지원했고, MBC 시트콤 작가 2기로 선발된 후 MBC 성인 시트콤 『연인들』, SBS 가족 시트콤 『압구정 종갓집』 등 에서 구성 작가로 활동했습니다. 뿐만 아니라 당시 '가위'와 '나나나'로 폭발적인 인기를 끌었던 가수 유승준의 3집 앨범의 후속곡 〈슬픈 침묵〉의 작사가로, 브라운 아이즈의 〈FOR YOU〉 뮤직비디오 작가, OCN TV무비시리즈 〈키드갱〉, MNET 미니시리즈 드라마 〈브레이크〉, 영화 〈B형남자친구〉 각본까지 분야를 가리지 않고 글로 더 큰돈을 벌 수 있다면 가리지 않고 고군분투 했었습니다.

돌이켜보면 그때까지는 제 삶의 운이 전적으로 부모님의 운에 따라 움직였습니다. 저는 그저 부모님의 삶을 따라가는 자녀였습니다. 성인이 되고나서도 별 차이는 없었습니다. 하지만, 영화 시나리오를 쓰기 위해 독립적인 삶을 살게 되면서 저는 처음으로 제 스스로의 운명을 개척해야 한다는 사실을 깨달았습니다.

방송작가로 일을 시작했고, 사업과 부동산, 건축을 배우며 다양한 사람들을 만났습니다. 그렇게 경험이 쌓이면서 버티는 힘이 생겼고, 제 삶을 자기 주도적으로 선택하게 되었습니다. 이 과정에서 지금의 아내를 만나게 된 것이 제 운의 결정적인 전환점이 되었습니다. 아내와의 만남 이후, 저는 제 주변 환경과 사람을 선택하는 일이 얼마나 중요한지 깨달았고, 그때부터 운이 서서히 파도를 타며 본격적인 우상향 곡선을 그리기 시작했습니다.

‖ 건축사업을 시작하고 ‖

유산 상속을 받았고 새로운 고난이 시작됐으며 예상에도 없던 건축가의 길에 들어선다.
그러나 늘 그랬듯 나는 빠르게 배우고 글로 나의 커리어를 구축했으며 단 시간에 이름이 알려졌다.
첫 책이 매출 100억 돌파 기념으로 쓴 〈돈버는 집짓기〉였다.

‖ 매스컴에 소개되기 시작 ‖

　　운 코치는 운이 바뀌는 순간을 자연스러운 음양의 흐름으로 설명합
니다. 제가 경험한 인생의 변화를 돌이켜보면, 이 흐름은 정확히 운 코
치가 말하는 흐름과 유사했습니다. 내면에서 바라는 양의 기운이 충

만할 때, 바라던 마음은 곧 현실로 나타났습니다. 그리고 나타난 현실을 유지하고 관리하기 위해 온 힘을 다해야 했습니다. 아내를 처음 만났을 때의 직관적 느낌이 그러했습니다. 그녀의 포부는 남달랐습니다. 나라 걱정을 하며 통일 운동을 하는 모습에 호구지책에 집중하던 내 세계관이 초라하게 느껴질 정도였습니다. 배우자가 내 인생을 긍정적으로 바꿀 사람이라는 예감이 들었고, 그 예감을 믿고 행동했을 때 실제로 인생이 달라졌습니다.

‖ TV 출연 ‖

SBS 좋은아침 〈하우스〉 (2020)

한국경제TV 신년특집 〈헌집줄게 새집다오〉 (2020)

빠숑의 세상답사기 2021 『서울주택_임대트렌드』 특집

‖ 전문가 진술을 위해 국회에 갔던 날 ‖

잊을 수가 없다. 생각지도 못했던 기회였고, 일생의 추억으로 남을 순간이었다.

또한, 변화는 항상 불편함 속에서 시작됐습니다. 부동산 조각 투자를 위한 프롭테크 스타트업 〈스테이션 블록〉을 설립하고 샌드박스 사업자로 선정되기 위해 각고의 노력을 했습니다. 하지만, 이미 승인받은 사업자들 외에는 더 이상의 기회를 주기가 어렵다는 이야기를 들었습니다. 그럼에도 멈추지 않고 노력을 했고 우연한 기회에 국회까지

진출해서 공중파 방송의 생중계 뿐만 아니라 20개 이상의 언론에 주목을 받으며 시장에 얼굴을 알릴 수 있는 행운이 찾아왔습니다. 이를 통해 전국 방방곡곡에 '서동원' 이라는 사람의 운을 흐르게 할 수 있었습니다.

국회에 전문가 진술로 출연한 이후 서동원에 대한 업계 신뢰도는 급상승을 하였습니다. 이는 광고비와 마케팅비로 상상할 수 없는 브랜드 마케팅의 역할을 하였습니다. 이는 아직 관계 법령의 정비가 되지 않아 사업을 하기 매우 불편한 상황임에도, 본질적으로 필요한 일이라고 생각하고 기회를 감지하고 실행으로 이루었기 때문에 그 다음 단계로의 진입이 가능했다고 볼 수 있습니다.

무엇보다 버티는 시간이 중요했습니다. 부모님의 사업 실패 이후 힘든 시간을 견디면서 묵묵히 다음을 준비했고, 결국 그 어려운 시기를 잘 버틴 덕분에 새로운 기회를 잡을 수 있었습니다. 창업을 하고도 마찬가지였습니다. 말이 그렇지 작가를 하던 사람이 사업가가 된다는 것은 사업가가 작가의 길에 들어서는 것보다 더 큰 고난이 도사리고 있었습니다. 글이야 나 자신과의 싸움이지만, 사업은 나와 남, 주변인, 사회, 국가 등 보다 많은 관계와 거미줄처럼 연결되어있었습니다. 나만 생각하고 살던 제 자신의 세계관이 커져가는 성장통을 겪는 시간동안 버티는 시간이 정말 중요했습니다.

마지막으로. 인생을 바꾸는 중요한 결정들은 항상 불안과 두려움을 마주한 순간에서 이루어졌습니다. 배우자와 소개팅으로 만났을 때 배우자는 사업하는 남자와 결혼하고 싶다고 했습니다. 작가였지만, 남을 위해 글을 쓰고 강의를 하고 월급을 받던 제 인생과는 어울리지 않았습니다. 그래서, 저는 과감하게 작가와의 인연을 끊고 사업가의 길로 뛰어들었습니다. 1년 동안 사업가로서의 잠재능력을 인정 받고, 만난지 딱 1년이 되는 날에 배우자와 결혼을 할 수 있었습니다.

2016년 11월 26일, 반포 세빛섬. 결혼은 '운의 흐름'을 송두리째 바꿔놓았다.

처음엔 혼란스러웠고 두려웠습니다. 내 안의 확신보다는 불확실성과 의구심이 더 크게 자리 잡고 있었기 때문입니다. 하지만 불안과 두려움을 회피하지 않고 마주 보았습니다. 그리고 저는 안정된 직장을 과감하게 그만두고 사업가의 길로 들어섰습니다. 결정 직후에는 자주 불안이 찾아왔습니다. 주변에서는 "왜 잘하던 일을 포기하냐"며 만류했습니다. 하지만 이 결정을 통해 제 안의 숨어 있던 능력과 잠재력을 발견하게 되었고, 배우자와의 인연을 더욱 확고하게 만들 수 있었습니다. 인생을 바꾼 결정은 이렇게 늘 용기와 불안이 동시에 공존하는 순간이었습니다. 그리고 그 결정들이 결국 음양의 균형이 맞는 최적의 타이밍에 이루어졌기 때문에 성공으로 이어질 수 있었다고 생각합니다.

50살을 1년 앞두고, 지난 제 삶을 돌아보면 운은 어느 날 갑자기 찾아온 우연한 사건이 아니라 매일 반복되는 사소한 선택과 행동들이 모여 만들어진 결과였습니다. 처음 작가로 활동하던 시절부터 저는 매일 아침 그날의 목표를 기록하고 작은 성과들을 모아왔습니다. 그렇게 작은 습관을 통해 제 인생의 목표와 비전이 명확해졌고, 작은 성공들이 축적되어 큰 운의 흐름을 형성하게 되었습니다. 저는 아침에 일어나 오늘 하루를 어떻게 살아갈지 미리 계획했고, 저녁마다 그 하루의 선택과 성과를, 기록을 통해 스스로 점검하는 시간을 가졌습니다. 이런 일상이 반복되다 보니, 스스로 선택하는 것의 중요성을 분명히 깨닫게 되었고, 작은 습관들이 모여 운을 형성한다는 사실을 알게 되었습니다. 그 과정에서 간혹 실패도 있었고 좌절도 있었습니다. 하지만 실패할 때마다 왜 실패했는지 기록하고 같은 실수를 반복하지 않으려 노력했습니다. 이렇게 쌓인 일상의 작은 선택들이 결국 지금 제 모습을 만들어주었습니다. 사람들은 운을 우연히 얻는 것이라 생각하지만, 실제로 운은 매일의 일상 속에서 꾸준히 만들어지는 것이라는 사실을 제 삶을 통해 분명히 경험할 수 있었습니다. 이러한 성향은 프로젝트 관리를 하는데 그대로 투영됐고 건축매니저라는 솔루션을 통해 고객의 신뢰를 얻을 수 있었습니다. 프로젝트가 끝나면 이 모든 과정을 책으로 엮어서 관계자들에게 제공했는데 이것은 곧 누구라도 이 책만 보면 어떻게 일을 했는지 확인할 수 있는 영업자료로도 활용되었습니다.

운이 바뀌는 순간에는 반드시 징조가 있었습니다. 그 징조는 매우 작고 사소해서 쉽게 지나칠 수 있었지만, 저는 항상 주변의 미세한 변화에 민감하게 반응하며 위기를 감지하는 습관을 길렀습니다. 회계학을 전공하고 세무사로 활동하는 배우자는 평소 경제·경영 분야의 책을 즐겨 읽었습니다. 결혼 후 우연히 배우자의 서가에서 발견한 부동산 책 한 권이 제 안에 잠들어 있던 운을 깨웠습니다. 이는 어린 시절, 어머니께서 판매용으로 집에 두셨던 세계 위인전을 통해 처음으로 제 운명이 열렸던 경험과 닮아 있어 더욱 특별하게 느껴졌습니다. 저는 그때까지 인문학 관련 서적 외에는 별다른 관심이 없었고, 부동산이라는 분야를 진지하게 생각해 본 적이 없었기에, 처음 그 책을 봤을 때 큰 의미를 두지 않았습니다.

하지만 책을 펼쳐 몇 페이지를 읽는 순간, 이상할 정도로 마음이 강하게 흔들리는 것을 느꼈습니다. 이것은 운명의 변화를 알리는 징조였습니다. 여기서 저는 위기를 빠르게 감지했습니다. 즉, 이 순간을 지나치면 다시는 찾아오지 않을 중요한 전환점일지도 모른다는 직감이 강렬하게 들었습니다. 이 직감을 무시하지 않고, 그 징조의 본질을 명확히 판단하기 시작했습니다. 마음속에서 솟구친 강한 끌림의 이유를 진지하게 분석해보니, 제가 오랜 시간 동안 갈망했던 '경제적 자유'와 '안정적 미래'라는 인생의 본질적 목표와 정확히 연결되어 있었습니다.

그리고 부동산이라는 영역이 바로 그 목표를 이루는 데 필수적이고 강력한 수단이 될 수 있다는 명확한 판단이 섰습니다. 저는 바로 다음 날부터 그 판단을 즉각 몰입해서 실행했습니다. 부동산에 대한 전문적인 공부를 본격적으로 시작했고, 강의와 세미나에 적극적으로 참여하여, 사람들을 만나며 배움을 확장해나갔습니다. 관련 서적을 닥치는 대로 읽고, 시장 조사를 직접 하며 현장 경험을 쌓았습니다. 결국 이러한 강력한 행동이 지금의 부동산과 건축 사업으로 구체적인 결실을 맺게 된 것입니다. 이후에도 운이 전환되는 순간마다 항상 비슷한 패턴이 반복되었습니다. 사람들의 우연한 말 한마디, 우연히 참석한 강연에서 얻은 작은 아이디어, 일상에서 갑자기 떠오른 직관 같은 사소한 신호가 나타났고, 저는 그때마다 그 신호를 빠르게 감지하여 본질을 명확히 판단하고 지체 없이 실행에 옮겼습니다.

이러한 성공이 한두 번의 행운으로 끝나지 않고 지속 가능한 운으로 자리 잡기 잡기 위해서는 끊임없는 순환, 즉 반복이었습니다. 저는 한 번 성공을 이루었다고 해서 절대 안주하지 않았습니다. 오히려 더욱 겸손하고 철저하게 다음 위기를 대비하고, 새로운 목표를 설정하며, 더 큰 성장을 위한 계획을 계속 세워나갔습니다. 이를 위해 저는 전국을 다니며 부동산과 관련된 세미나를 개최했습니다. 본격적인 사업의 시작 이후, 서울에서 부산까지, 대전에서 광주까지, 때로는 제주까지도 직접 찾아가 강연을 하고 사람들을 만났습니다. 현장에서 사람들과의 직접적인 교류를 통해 지역마다의 부동산 시장 흐름을 파악하고, 그들이 겪고 있는 구체적인 문제와 필요를 정확히 이해할 수 있었습니다. 이러한 과정은 단순한 강의가 아니라 저에게도 새로운 아이디어와 통찰을 얻는 소중한 기회였습니다. 전국을 다니며 얻은 생생한 경험과 정보는 운의 흐름을 더 폭넓고 깊이 있게 이해하고 관리하는 데 결정적인 도움을 주었습니다.

결론적으로 삶이 한 단계 높은 차원으로 올라가는 순간은 결국 인간관계와 소통 속에서 이루어졌습니다. 작가 시절 저는 혼자만의 세계에 갇혀 있는 사람이었습니다. 하지만 사업을 시작하면서 사람들과의 교류가 늘어났고, 저는 새로운 위기를 감지했습니다. 바로 인간관계가 얼마나 중요하고 결정적인지를 깨닫게 된 순간입니다. 사람들과의 관계가 제대로 형성되지 않으면 사업의 성공은 물론, 삶의 질마저 무너질 수 있다는 위기감을 정확히 느꼈습니다.

본질을 명확히 판단해보니, 사업에서의 성과는 기술이나 아이디어 못지않게 '사람과의 진정한 관계'에 달려 있다는 것을 분명히 알게 되었습니다. 그때부터 관계 개선과 소통 능력 강화에 나섰습니다. 아내와의 관계를 더 깊게 만들어갔고, 함께 일하는 사람들과의 관계에도 더 많은 시간과 에너지를 투자했습니다. 인간관계 개선을 위한 실행은 꾸준히 이루어졌고, 그 결과 사업적 신뢰와 협력 관계가 크게 향상되었습니다. 이러한 노력은 단지 한 번의 관계 개선에 그치지 않고 지속 가능한 순환으로 이어졌습니다.

사업의 규모가 커지고 관계가 확장될수록 저는 더더욱 사람과의 소통과 협력을 중요하게 생각했고, 이는 다시 제 삶의 질과 내적 행복의 수준까지 끌어올리는 결과로 나타났습니다. 외부적 환경의 발전과 내적 성장이 서로 맞물려 놀라운 시너지를 발휘했고, 저는 이전보다 훨씬 높은 단계의 삶을 살게 되었습니다. 이제 당신 차례입니다. 당신이 원하는 운명은 지금 이 순간에도 만들어지고 있습니다. 하지만 간절히, 그리고 구체적으로 원하지 않으면 운은 쉽게 허물어지고 사라질 것입니다. 당신이 주도적으로 운을 설계하고자 한다면, 바로 지금이 그 순간입니다. 당신의 인생은 당신의 선택과 행동으로 새롭게 바뀔 것입니다.

지금 바로 작은 습관부터 바꾸는 행동을 시작하십시오. 운명을 설계하는 계획은 적어도 10년, 20년, 또는 30년 이상의 장기적 목표를 설정하고, 이를 기반으로 철저한 역설계를 통해 세부적인 액션 플랜을 도출해야 합니다. 그래야 조급해지지 않고 하루하루 꾸준히 운을 쌓아갈 수 있습니다. 위기를 감지하고, 본질을 명확히 판단하며, 과감한 실행을 통해 지속 가능한 운의 순환을 만들어가십시오. 기록하고 또 기록하십시오. 사람을 만나 운이 순환되게 하십시오. 운명이란 결국, 오늘 당신이 내린 선택을 통해 운을 경영한 성과가 차곡차곡 쌓여 만들어지는 것입니다. 지금부터, 당신의 삶과 운을 주도적으로 배분하여 관리하십시오.

2. 불운이 반복되는 사람이 나에게 주는 영향

오늘 하루의 운은 하루를 어떻게 시작하는지에 따라 달라진다는 말이 있습니다. 실제로 여러분의 운을 결정하는 주인은 바로 여러분 자신입니다. 그리고 운을 바꾸는 가장 좋은 방법은 현명한 선택을 하는 것입니다. 그중에서도 가장 중요한 선택은 내 주변에 어떤 사람을 두느냐는 것입니다.

운 코치는 모든 일이 음과 양, 두 가지 힘의 조화로 이루어진다고 말합니다. 간단히 말하면 우리 삶은 마치 시소처럼 균형을 잘 잡아야 하는데, 이 균형이 무너질 때 우리는 불운을 겪게 됩니다. 운이 좋지 않은 사람은 대부분 스스로 이 균형을 깨뜨리는 습관을 가지고 있습니다.

첫째, 자신을 합리화하는 습관입니다. 뭔가 잘못됐을 때, 대부분 사람들은 그 원인을 남 탓으로 돌립니다. 하지만 이렇게 남 탓만 하면 정작 내 문제는 고쳐지지 않습니다. 문제를 바로 보고, 내가 무엇을 잘못했는지 솔직히 인정하는 것이 균형을 다시 잡는 첫걸음입니다.

둘째, 다른 사람과 비교하며 불안해하는 습관입니다. 다른 사람과 끊임없이 비교하면 중심을 잃고 흔들리게 됩니다. 내 삶이 제대로 가고 있는지 확신하지 못하고 자꾸 남의 성공만 바라보면, 결국 내 운을 제대로 사용하지 못합니다. 중요한 것은 다른 사람이 아니라 내가 지금 어디에 있고, 어디로 가고 있는지를 정확히 아는 것입니다.

셋째, 똑같은 실수를 반복하는 습관입니다. 실수를 반복하는 사람은 마치 같은 길에서 넘어지고 또 넘어지면서도 그 길을 계속 걷는 것과 같습니다. 운 코치는 이것을 '고집'이라고 부릅니다. 고집을 버리고 다른 길을 선택할 때 비로소 운은 좋아지기 시작합니다.

넷째, 사람들과 관계를 소홀히 하는 습관입니다. 사람들과의 관계는 운을 불러오는 중요한 통로입니다. 사람들과 좋은 관계를 맺으면 긍정적인 에너지가 모여 운이 좋아집니다. 반대로 관계를 소홀히 하거나 갈등이 많으면 좋은 에너지가 사라지고 나쁜 기운이 늘어나게 됩니다. 결국 운도 사람과의 관계 속에서 흐르고 있습니다.

다섯째, 혼자서만 지내며 외롭게 지내는 습관입니다. 사람들과의 소통을 멈추고 혼자 고립되면 점점 부정적인 기운이 커지게 됩니다. 외로움과 고립은 불운을 부르는 환경입니다. 이런 상황일수록 사람들과 적극적으로 교류하며, 다시 좋은 기운을 만들 필요가 있습니다.

여섯째, 감정 소모가 많은 습관입니다. 감정은 우리의 에너지입니다. 작은 일에도 쉽게 화내거나 슬퍼하고, 너무 자주 걱정하면 이 에너지는 금방 바닥나 버립니다. 이렇게 감정적으로 힘을 낭비하면 좋은 운이 들어올 자리가 없어집니다. 감정을 잘 다스리는 사람이 더 좋은 운을 오래 유지할 수 있습니다.

마지막으로, 운이 나쁜 사람과 가까이 지내는 습관입니다. 불운은 감기와 같아서 가까이 지내면 나도 모르게 전염될 수 있습니다. 항상 부정적으로 생각하고, 늘 불평하는 사람들 곁에 있으면 자연스럽게 나도 그런 부정적인 생각과 행동을 하게 됩니다. 운을 좋게 만들려면 긍정적이고 좋은 에너지를 가진 사람들과 함께 있어야 합니다. 결국, 운이란 내 마음속과 내가 사는 환경의 균형입니다. 내 안의 마음을 잘 관리하고, 주변 사람들과 좋은 관계를 유지하는 것, 이것이 운을 좋게 만드는 가장 쉬운 비결입니다. 이제 실제로 운을 점검하는 연습을 해보겠습니다.

지금 연락하는 10명을 적고, 그들의 운을 분석해 보세요. 아래의 표에 평소 가장 자주 연락하거나 만나고 있는 사람 10명을 떠올려서 써

보세요. 그리고 각 사람의 현재 운 상태를 긍정적, 보통, 부정적 중 하나로 판단해보세요.

번호	이름	그 사람의 운 상태 (긍정적 / 보통 / 부정적)	이유 및 간단한 설명
1			
2			
3			
4			
5			
6			
7			
8			
9			
10			

10명의 운 상태를 모두 적었다면, 이제 전체적인 결과를 살펴보세요. 긍정적인 사람이 많습니까, 아니면 부정적인 사람이 많습니까? 여러분이 현재 연락하는 10명의 평균적인 운의 상태가 곧 현재 여러분 자신의 운의 상태라고 봐도 과언이 아닙니다. 만약 이 결과가 만족스럽지 않다면, 여러분 주변 사람들을 지금부터라도 긍정적이고 운이 좋은 사람들로 채워가는 것이 좋습니다. **운을 바꾸는 가장 빠른 방법은 바로 지금 여러분 곁에 있는 사람을 바꾸는 것입니다.**

Lesson 2.

성공한 부자들이
운을 관리하는 법

큰 운은 스스로 만든다

큰 운은
스스로 만든다

세계적인 투자자 워런 버핏은 시장 흐름을 철저히 관찰하며 투자 타이밍을 잡습니다. 그는 위기 상황에서 오히려 투자를 늘려 큰 성과를 이루었습니다. 이는 지속적인 자기 인식과 환경 변화에 대한 민감성을 통해 적절한 타이밍을 포착한 덕분입니다. 예를 들어, 2008년 글로벌 금융 위기 당시 많은 투자자들이 두려움으로 시장을 떠날 때 버핏은 오히려 주요 금융 기관과 기업의 주식을 대량 매입했습니다. 그는 이러한 결정이 일시적 공포에서 비롯된 저평가라는 것을 파악하고 있었으며, 결국 몇 년 후 그 결정은 엄청난 투자 성과로 돌아왔습니다. 또한, 버핏은 일상적인 독서와 철저한 기업 분석을 통해 시장의 미세한 변화도 놓치지 않았습니다. 타이밍은 준비된 사람에게만 주어지는 기회이며, 이를 잡기 위해서는 꾸준히 환경을 분석하고, 적절한 순간에 과감히 행동할 수 있는 용기와 준비가 필수적입니다.

2025년 5월, 60년만에 은퇴를 발표한 전설적인 투자자 워런 버핏의 사례를 운 코치의 관점에서 살펴보겠습니다. 그는 시장의 '음'과 '양'의 변화 흐름을 명확하게 인지한 사람입니다. 시장이 혼란스럽고 두려움이 커지는 시기(음의 극대화)는 곧 반전하여 상승(양의 시작)으로 이어질 수 있는 중요한 전환점입니다. 버핏은 이런 음양의 흐름을 민감하게 감지하고, 음이 극에 달했을 때 오히려 적극적으로 투자하는 행동을 실천함으로써 양의 흐름으로 전환될 때 큰 성과를 얻었습니다.

모든 변화가 극極에 달하면 반드시 반대 방향으로 전환하게 됩니다. 버핏은 지속적인 자기 인식과 시장 환경에 대한 깊은 이해를 통해 이 전환의 순간, 즉 음양이 교차하는 타이밍을 민감하게 포착한 것입니다. 이는 운 코치가 강조하는 '시중時中', 즉 적절한 때를 정확히 인지하고 행동하는 능력을 키운 결과라고 할 수 있습니다.

따라서, 타이밍을 감지하고, 자신의 것으로 만든다는 것은 단순히 기회를 기다리는 것이 아니라, 자연의 변화와 흐름을 읽고 그 흐름과 조화롭게 움직이는 지혜와 통찰을 기르는 과정입니다. 이러한 연습을 통해 운의 흐름을 자기 편으로 돌릴 수 있게 되는 것입니다. 5장에서는 성공한 부자들이 운을 관리하는 법을 살펴봅니다. 운도 벤치마킹이 가능하기 때문입니다.

5장

운도
벤치마킹이 가능하다

부자는 기업의 '경영자' 출신이 많습니다. '경영자'라는 자리는 자신 뿐 아니라 자신을 둘러싼 사람들과 조직 전체의 운을 관리해야 합니 다. 경영자의 운은 개인적인 변수의 차원을 넘어 조직과 시장이라는 구조 전체를 움직이는 상수가 됩니다. 그래서 경영자는 반드시 '운의 경영'을 통해 위기와 기회를 관리해야 합니다. 경영자가 운을 관리하 는 방법은 다음 네 가지 습관으로 정리할 수 있습니다.

첫째, 위기의 감지입니다. 운을 경영하는 사람들은 변화의 신호를 빨리 알아챕니다. 그들은 작은 변화를 무시하지 않고, 미세한 신호에 서 앞으로 닥칠 큰 위기의 가능성을 빠르게 감지합니다. 둘째, 본질의 명확한 판단입니다. 운이 위기로 바뀌는 시점에선 문제의 본질이 무엇인지 정확히 판단해야 합니다. 경영자들은 문제의 표면이 아니라 본질적 원인을 꿰뚫어 보고 가장 우선적으로 다뤄야 할 핵심을 놓치지 않습니다. 셋째, 즉각적이고 강력한 실행입니다. 위기의 본질을 명확히 판단했다면, 빠르고 강력하게 대응해야 합니다. 경영자들은 결정을 내리는 순간 지체 없이 실행에 옮기며, 이를 통해 위기를 정면 돌파합니다. 넷째, 지속 가능한 순환입니다. 위기를 돌파하고 성공을 거두었다면 거기에서 멈추지 않고 다시 운의 흐름을 관리해야 합니다. 그들은 일시적인 성공에 안주하지 않고 다음 위기를 대비해 새로운 운을 설계하고 관리하며 지속적인 순환을 만들어갑니다.

   땅에서 쏘아올린 대운을 거머쥔 6인의 경영인은 모두 이 네 가지 습관을 통해 운을 관리해 온 사람들로 분석할 수 있습니다. 각기 다른 이들의 사례를 통해 이 네 가지 운의 경영 습관이 실제로 어떻게 작동하는지 살펴볼 것입니다. 독자들은 이를 통해 자신이 처한 상황에서 어떻게 운을 감지하고, 문제의 본질을 명확히 판단하며, 이를 즉시 행동으로 옮기고, 지속적으로 순환시킬 수 있는지를 구체적이고 실제적으로 배우게 될 것입니다. 또한, 운은 단순히 타고나는 것을 넘어 감지하고, 판단하고, 실행하고, 지속적으로 관리하는 것임을 깨닫게 될 것입니다.

1. 파괴적 혁신과 전략의 아이콘이 되는 운

만약 당신이 어렵게 모은 재산을 모두 투자했는데 한순간에 쫄딱 망할 위기에 처했다면 어떻게 하시겠습니까? 대부분의 사람은 절망하거나 포기해 버릴지도 모릅니다. 그런데 여기, 이 위기를 놀라운 기회로 만든 한 남자가 있습니다. 투자자로 시작했지만 결국 그 기업의 경영인이 되어 세상을 바꾼 인물, 바로 테슬라의 일론 머스크입니다.

테슬라의 경영인 | 일론 머스크

⋯▸ 뜻하지 않은 사건으로 흔들린 운
신중히 행동하며 위기를 넘기기
/ 천뢰무망 天雷无妄 (하늘에서 갑자기 울리는 천둥)

⋯▸ 한 발 물러서서 기회를 기다리는 운
섣불리 나서지 않고 관망하기 / 풍지관 風地觀 (멀리서 바라보기만 하는 삶)

기업의 경영인으로서 일론 머스크의 삶은 천뢰무망天雷无妄의 운으로 설명됩니다. 천뢰무망은 하늘 아래 갑자기 천둥이 울리는 모습으로, 예상치 못한 큰 위기와 혼란을 나타냅니다. 실제 테슬라 초창기의 모습이 이와 정확히 같습니다. 당시 테슬라는 혁신적인 전기차 기술력에도 불구하고 자금난과 생산 문제로 회사가 부도 직전까지 몰리는 위기를 겪고 있었습니다. 머스크는 당시의 위기를 정확히 감지하고, 이를 단순한 일시적 어려움으로 간과하지 않았습니다.

그는 위기의 본질을 명확히 판단했습니다. 전기차 시장의 본질은 단순히 차량 생산이 아니라 지속 가능한 친환경 에너지를 기반으로 한 혁신적 경험과 소비자 신뢰에 있었습니다. 머스크는 이 본질적 비전을 명확하게 하고 모든 역량을 집중해 테슬라의 목표를 다시 설정했습니다. 그는 자신이 투자자 위치에 머물지 않고 직접 CEO로 나서서 본격적인 리더십을 발휘하겠다는 결정을 내렸습니다. 이 판단은 개인적 자산과 명성을 모두 걸어야 하는 리스크였지만, 본질을 정확히 파악한 그에게는 더 이상 다른 선택지가 없었습니다.

머스크는 강력한 실행력으로 즉각 행동에 옮겼습니다. 그는 자신의 개인적 재산 대부분을 테슬라에 투입했고, 추가로 외부 투자 유치에 적극적으로 나섰습니다. 이 과정에서 당시 경쟁사였던 포드로부터 투자 유치를 이끌어내는 놀라운 전략적 선택을 했습니다. 이는 매우 파격적이고 이례적인 사례였습니다. 경쟁사가 스타트업 단계의 기업에 투자한다는 것은 당시 상상하기 어려운 일이었지만, 머스크는 자신의 비전과 진정성을 통해 포드를 설득했고, 이를 통해 시장의 신뢰를 다시 회복하며 운의 흐름을 역전시켰습니다.

포드로부터의 투자 유치는 단순히 자금 확보 이상의 의미를 가졌습니다. 이는 기존 전통적 자동차 업계가 전기차라는 새로운 흐름을 받아들이는 중대한 상징적 사건이었고, 머스크가 시장 전체의 흐름을 바꿀 만큼 강력한 실행력을 가졌음을 입증한 결정적 사건이었습니다. 경쟁자였던 포드의 투자는 테슬라가 전기차 산업에서 신뢰할 수 있는 기업이라는 명확한 신호였고, 이는 소비자와 다른 투자자들의 관심과 투자를 추가로 끌어들이는 계기가 되었습니다.

머스크는 여기에 그치지 않고 테슬라 내부에서도 혁신적인 모델S 개발과 생산을 위해 강력한 실행력을 지속했습니다. 모델S가 출시되자 자동차 시장 전체가 충격을 받았으며, 테슬라는 단숨에 시장의 중심으로 올라섰습니다. 이처럼 머스크는 위기를 감지하고 본질을 판단한 후, 경쟁사조차 끌어들이는 강력한 실행력을 통해 테슬라의 운명을 완전히 바꿔놓았습니다.

이후 그는 성공 이후에도 지속 가능한 순환을 위한 운 관리에 힘썼습니다. 시장과의 투명한 소통을 강조한 풍지관風地觀의 원칙을 철저히 실천했습니다. 그는, 문제를 숨기지 않고 있는 그대로 공개하면서 시장과 소비자에게 진정성 있게 다가갔습니다. 이로 인해 운의 흐름이 더욱 강력하고 지속적으로 커지도록 만들었습니다. 테슬라는 지속 가능한 친환경 미래라는 본질을 유지하며, 그 운명의 흐름을 지금까지도

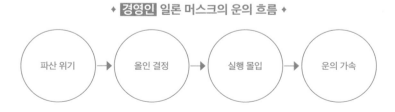

◆ **경영인** 일론 머스크의 운의 흐름 ◆

파산 위기 → 올인 결정 → 실행 몰입 → 운의 가속

유지하고 있습니다.

이런 위대한 성공을 거머쥔 사람들의 이면에는 항상 그만큼의 개인적 고난과 아픔이 뒤따르기 마련입니다. 밝은 빛이 강할수록 그 그림자 또한 깊어지는 법이지요. 이것이 바로 음양의 조화입니다. 지금부터 우리는 단순히 성공만이 아니라, 빛과 그림자가 공존했던 일론 머스크의 운명을 음양의 균형이란 관점에서 살펴보겠습니다. 그의 삶에 숨겨진 운의 메커니즘을 이해하면, 우리 인생에도 적용할 수 있는 지혜를 발견할 수 있을 것입니다.

개인 일론 머스크

⋯ 안정과 조화로 번영하는 운
하늘과 땅이 만나 이루는 평안함 / 지천태 地天泰 (하늘과 땅의 조화)

⋯ 강한 추진력으로 성취하는 운
힘찬 천둥이 하늘을 울리듯 과감히 전진하기
/ 뇌천대장 雷天大壯 (천둥이 하늘을 울리는 강력한 힘)

개인으로서 일론 머스크의 삶은 지천태地天泰와 뇌천대장雷天大壯의 운으로 설명할 수 있습니다. 지천태는 하늘과 땅이 음양으로 조화를 이루는 것을 상징하며, 머스크의 개인적 삶에서도 이러한 특징이 나타납니다. 그는 사회적 영향력과 정치적 힘(하늘)과 실제적인 비즈니스 활동(땅)을 연결하는 균형을 유지하며 자신의 영향력을 지속적으로 확

장시켰습니다.

머스크는 정치적으로도 권력과의 관계를 긴밀하게 형성했습니다. 특히 트럼프 대통령과의 협력을 통해 우주산업과 친기업 정책을 적극 활용하면서 스페이스X와 테슬라의 사업적 성장과 안정성을 확보했습니다. 이는 지천태가 나타내는 하늘(권력)과 땅(현실)의 균형 잡힌 조화를 실천한 사례입니다. 그러나 그는 이런 권력과의 관계에서 지나치게 의존하거나 유착되지 않고 적절한 거리와 균형을 유지하며 운을 관리했습니다.

뇌천대장雷天大壯의 운은 하늘 위에서 천둥이 강력하게 울리는 모습을 나타내며, 매우 왕성하고 강력한 확장을 상징합니다. 개인으로서 머스크의 삶에서도 뚜렷하게 드러납니다. 그는 결혼과 이혼을 여러 번 반복하며, 다수의 여성과의 관계 속에서 자녀를 10명 이상 두게 되었고, 이 과정에서 대리모까지 사용했습니다. 이는 개인적으로 강력한 영향력과 혈통을 확장시키고자 하는 전략적 선택이자, 머스크의 인생에 담긴 에너지가 극도로 왕성함을 나타내는 사례입니다.

하지만 뇌천대장의 운은 이러한 강력한 에너지와 확장이 제대로 통제되지 않을 때, 내부적으로 심각한 리스크가 될 수 있음을 경고합니다. 실제로 머스크의 개인적 삶에서 잦은 결혼과 이혼, 자녀 수의 급격한 증가는 장기적으로 그의 개인적, 가정적 삶에서 긴장과 갈등을 야기할 가능성이 높습니다. 자녀 간의 갈등, 배우자 간의 긴장과 스트레스, 경제적 책임 등 다양한 문제가 뒤따를 수 있습니다.

결국 머스크의 개인적 삶에서의 운명 관리는 뇌천대장의 운이 경고하는 강력한 에너지를 통제하는 것이 핵심입니다. 그는 단순히 자녀의 숫자를 늘리기만 해서는 안 되며, 이를 위한 장기적이고 섬세한 관리 체계가 반드시 뒷받침되어야 합니다. 자녀와의 관계, 배우자와의 소통, 개인적 책임 등 모든 측면에서 지속 가능한 균형과 안정성을 유지하기 위한 노력이 필요합니다. 그의 개인적 운명의 흐름은 왕성한 확장과 통제의 균형을 이루는 것이 핵심적인 과제임을 명확히 보여줍니다.

머스크의 사례는 결국, 개인적 운 관리에서도 위기의 정확한 감지, 본질적 문제에 대한 명확한 판단, 과감한 실행뿐 아니라, 지속 가능한 내적 순환과 관리가 필수적임을 깨우쳐줍니다. 개인의 성공과 영향력이 아무리 크더라도, 내적 균형을 유지하지 못하면 결국 긴장과 갈등이라는 내면적 위기를 겪게 될 수밖에 없습니다. 머스크의 삶에서 드러난 이 강력한 교훈을 통해 독자들은 개인적 삶에서도 균형 잡힌 운

◆ **개인** 일론 머스크의 운의 흐름 ◆

강렬한 확장 본능 → 다중 관계 형성 → 혈통·영향력 폭발 → 균형 관리 과제

관리의 중요성을 명확히 인식할 수 있을 것입니다.

애플의 경영인 스티브 잡스

⋯→ 단호한 결단으로 문제를 해결하는 운

불이 천둥을 만나 강력하게 장애를 제거하기 / 화뢰서합 火雷噬嗑

(불과 천둥이 만나 단호하게 문제를 씹어 제거함)

스티브 잡스와 애플의 운명은 화뢰서합火雷噬嗑의 운으로 명확히 풀이할 수 있습니다. 화뢰서합은 불火이 위에서 타오르고 천둥雷이 아래에서 울리는 형상으로, 장애와 위기를 강력한 추진력과 열정으로 정면 돌파해야 하는 운의 흐름을 나타냅니다. 잡스의 초창기 애플은 화뢰서합이 묘사하는 것처럼 시장의 거대한 장벽과 내부의 강한 갈등이라는 수많은 장애물을 맞닥뜨렸습니다.

잡스는 이 위기를 매우 빠르고 정확하게 감지했습니다. 특히 경쟁사 IBM과 마이크로소프트가 개인용 컴퓨터 시장을 장악하고 있었고, 애플은 초기 혁신에도 불구하고 큰 위기와 한계에 직면해 있었습니다. 잡스는 이런 위기를 회피하거나 애매하게 대응하지 않았습니다. 오히려 위기의 본질을 명확하게 판단했습니다. 그는 혁신적 디자인과 사용자 중심의 제품 경험이야말로 시장에서 애플이 차별화될 수 있는 본질이라는 점을 정확히 이해했습니다.

잡스는 즉시 실행에 들어갔습니다. 매킨토시 프로젝트를 추진하며 내부적으로도 타협하지 않는 완벽한 품질을 요구했고, 조직 내부의 반발을 정면으로 돌파하며 제품의 혁신성을 관철했습니다. 특히 잡스는 IBM을 직접적으로 도발하는 광고를 제작하여 소비자들의 이목을 끌었고, 결과적으로 시장에서 확실한 존재감을 만들어냈습니다. 그러나 이러한 단호한 결단과 추진력은 커다란 내부 갈등과 리스크를 수반했습니다. 잡스는 결국 내부 이사회와의 심각한 갈등 끝에 자신이 세운 회사에서 축출되는 큰 위기를 겪었습니다.

그러나, 잡스는 축출 이후에도 자신의 운을 다시 순환시키기 위해 지속적으로 노력했습니다. 그는 곧바로 넥스트(NeXT)를 창립하며 다시 운의 흐름을 만들었고, 픽사를 통해서도 새로운 산업의 변화를 이끌며 지속적인 성공을 이루어냈습니다. 이처럼 그는 성공 이후에도 결코 안주하지 않고, 위기의 순간마다 본질로 돌아가 새로운 흐름을 창조하며 운을 지속적으로 관리하고 순환시켰습니다.

잡스는 애플로 복귀한 이후에도 아이팟과 아이폰이라는 혁신을 통해 다시 한 번 큰 성공을 만들어냈습니다. 여기에서도 그는 위기와 본질을 명확히 감지하고 판단했습니다. 당시 음악과 휴대폰 시장이 급변하고 있었음을 정확히 감지했고, 본질적으로 사용자가 원하는 것은 복잡한 기술이 아니라 단순하고 직관적인 경험이라는 것을 간파했습니다. 그 후 그는 이 본질에 따라 전략적 판단을 했고, 실행하여 결국 시장을 완전히 변화시켰습니다.

하지만 그는 이 과정에서도 내부적 긴장과 갈등을 겪었습니다. 잡스의 독단적이고 타협 없는 리더십은 조직 내 많은 갈등을 일으켰지만, 그럼에도 불구하고 그는 끝까지 자신의 판단과 실행을 밀어붙이며 결국 놀라운 성과를 만들어냈습니다.

이처럼 잡스 역시 "위기의 감지 → 본질의 명확한 판단 → 즉각적이고 강력한 실행 → 지속 가능한 순환"이라는 관점에서 운의 경영을 습관화하여 끝없이 반복했다고 풀이할 수 있습니다. 그는 결코 일회적 성공에 머물지 않고 항상 다음 단계를 준비하며 지속 가능한 순환의 흐름을 유지했습니다.

♦ **경영인** 스티브 잡스의 운의 흐름 ♦

위기 감지 → 본질 간파 → 강력한 실행 → 운의 혁신

개인 스티브 잡스

⋯→ 이미 이룬 성취를 위태롭게 유지하는 운

겉보기에는 완성되었으나 내적으로 불안정한 균형 / 수화기제 水火既濟
(물이 위에 있고 불이 아래에 있어 긴장 속의 위태로운 균형 상태)

개인으로서 스티브 잡스의 운명은 수화기제水火既濟의 운을 통해 살펴볼 수 있습니다. 이는 물이 위에 있고 불이 아래에 있는 상태로, 외적으로는 완벽한 균형을 이룬 듯 보이지만 내적으로는 매우 위태롭고 불안정한 상태를 나타냅니다.

성공이라는 빛이 너무 강렬하면, 우리는 그 사람의 내면에 어떤 외로움과 상처가 있는지 미처 들여다보지 못하는 경우가 많습니다. 스티브 잡스 역시 대중에게는 천재적 혁신가의 이미지로만 기억되지만, 그의 삶 속에는 아무도 쉽게 공감하지 못할 복잡한 개인사가 자리 잡고 있었습니다. 지금부터 우리는 스티브 잡스라는 한 개인이 겪었던 운의 굴곡을 음양의 조화라는 새로운 시각으로 바라보고자 합니다. 이를 통해 우리가 평소 보지 못했던 그의 숨겨진 운명과 마주할 수 있을 것입니다. 혁신가도 결국 평범한 사람입니다.

잡스의 개인적 삶은 표면적으로는 완벽한 성공과 혁신의 연속이었지만, 내면에서는 끊임없는 긴장과 갈등이 존재했습니다. 그는 이 내면의 긴장과 갈등을 제대로 감지하거나 이를 효과적으로 관리하지 못했습니다. 조직원들과의 갈등은 그의 완벽주의적이고 독단적인 성격 때문이었으며, 이는 감정적이고 정신적인 리스크로 발전했습니다. 또한, 가족과의 갈등 역시 표면적 성공 뒤에 숨어있던 심각한 내적 갈등을 그대로 반영했습니다.

혼외자 문제는 잡스가 내부적 긴장을 제대로 판단하지 못하고 외면했기 때문에 더욱 심각해졌습니다. 그는 처음에 이를 무시하거나 부정함으로써 갈등을 키웠고, 결국 이는 그가 겪은 정신적·감정적 고립의 주요 원인이 되었습니다. 건강 문제 역시 마찬가지였습니다. 그는 내부적인 긴장과 갈등을 외면한 채 사업과 혁신에만 집중했습니다. 결과적으로 건강 문제는 균형을 유지하지 못한 그의 내적 갈등이 표면화된 것이었습니다.

수화기제 운은 이미 이루어진 상태의 균형이 항상 위태로움을 경고합니다. 표면적 성공을 유지하기 위해서는 항상 내면의 갈등과 균형을 감지하고 이를 명확히 판단하여 관리하는 습관이 필요합니다. 잡스는 이 부분에서 취약했습니다. 그는 외적 성공과 혁신에 과도하게 집중한 나머지, 내적 갈등을 제대로 관리하지 못했고 결국 심각한 개인적 위기를 겪게 되었습니다.

잡스가 개인적으로 보여준 운 관리의 교훈은 명확합니다. 완벽하게 보이는 성공이라 하더라도 내적 긴장과 갈등을 관리하지 못하면 결국 위태로워진다는 점입니다. 내면적 긴장을 정확히 감지하고, 이를 본질적으로 판단하며, 적절한 대응을 하여 지속 가능한 내적 순환을 유지하는 것이 진정한 운의 관리임을 그의 사례는 명확히 가르쳐줍니다.

♦ 개인 스티브 잡스의 운의 흐름 ♦

외적 완성 → 내적 갈등 방치 → 균형 붕괴 → 운의 소진

2. 격변하는 산업에서 가치를 창출하는 운

40대 중반, 잘나가던 회사에서 인정받으며 승승장구하던 한 남자에게 갑자기 '퇴직자'라는 원치 않는 타이틀이 붙었습니다. 인생의 황금기라 생각했던 그 시기에, 모든 것을 잃은 것처럼 보였지만 그는 주저앉지 않았습니다. 오히려 그 순간이 직장인이었던 그를 창업가로 만드는 전환점이 되었지요. 바로 셀트리온의 서정진 회장의 이야기입니다. 평범한 직장인이었던 그가 어떻게 세계적인 바이오 기업의 경영자가 되었는지, 그의 운명이 바뀐 그 순간을 함께 살펴보겠습니다.

셀트리온의 경영인 서정진

···› 끈질긴 돌파력으로 한계를 넘는 운

우레가 물 위에서 힘차게 움직이며 험난한 장애를 돌파하는 힘 / 뇌수해 雷水解

(천둥이 물 위에서 울리며 막힌 것을 풀고 어려움을 해결함)

셀트리온의 창업자이자 경영인 서정진 회장의 운명은 뇌수해雷水解

의 운으로 풀이할 수 있습니다. 뇌수해는 천둥雷이 물水 위에서 강하게 울리면서, 굳게 막혔던 장애를 돌파하고, 얽힌 문제를 해결하며 나아가는 형상입니다. 서정진 회장의 인생 여정과 셀트리온의 성장은 이와 같은 뇌수해의 운으로 풀이할 수 있습니다.

서정진 회장은 셀트리온 창업 당시 이미 큰 위기에 직면해 있었습니다. 2002년 당시, 한국의 바이오 산업은 사실상 불모지에 가까웠습니다. 글로벌 제약회사들이 바이오 의약품 시장을 장악한 상황에서 한국의 작은 바이오 벤처가 도전한다는 것은 무모함을 넘어 불가능에 가까운 일이었습니다. 사람들은 그에게 현실을 인정하라고 했고, 실패할 것이 뻔한 도전을 멈추라고 조언했습니다.

그러나 서정진 회장은 이 장애 앞에서 결코 물러서지 않았습니다. 그는 천둥이 물 위에서 울려 퍼지듯, 불가능한 시장의 장애를 돌파할 전략을 세우고 과감히 움직였습니다. 그가 선택한 전략은 당시로서는 매우 혁신적인 바이오시밀러Biosimilar의 개발과 생산이었습니다. 오리지널 바이오 의약품에 버금가는 품질을 유지하면서도 보다 낮은 비용으로 시장에 진입한다는 전략이었습니다.

그는 즉시 실천에 들어갔습니다. 인천 송도의 광활한 땅 위에 세계 최대 규모의 바이오 의약품 생산 공장을 건설했습니다. 업계에서는 그의 이러한 결정이 지나친 무리수라고 평가했습니다. 당시 한국의 기술과 자본으로 글로벌 바이오 기업들과 경쟁할 수 있을지 모두가 의구심을 품었습니다. 하지만 서정진 회장은 스스로를 믿고 그 장애를 향해 망설임 없이 돌진했습니다. 그는 천둥이 물 위에서 울리며 막힌 것을 풀어내듯이, 거대한 공장 건설을 강력히 추진하여 시장 진입의 첫 번째 장애를 성공적으로 돌파했습니다.

그러나 돌파의 길은 결코 순탄하지 않았습니다. 공장 완공 이후에도 제품 개발과 허가 과정에서 셀트리온은 수많은 난관을 마주했습니다. 글로벌 규제기관의 높은 장벽과 까다로운 허가 절차는 서정진 회장과 셀트리온을 끝없는 시험에 들게 했습니다. 그럼에도 불구하고 그는 이 난제를 정확히 파악하고 명확한 해결책을 마련했습니다. 서정진 회장은 유럽과 미국의 주요 바이오 의약품 허가기관에 철저한 품질관리와 데이터를 제공하고자 인력과 자원을 아낌없이 투입했습니다. 특히, 기존 바이오 의약품의 허가 데이터와 비교될 수 있는 철저한 비교 임상 시험을 준비했고, 글로벌 수준의 품질 관리 체계를 빠르게 구축하여 세계 시장에 진입할 기반을 마련했습니다.

이처럼 서정진 회장은 강력한 추진력과 끈질긴 돌파력을 바탕으로 결국 글로벌 바이오시밀러 시장의 장벽을 무너뜨렸습니다. 그는 천둥이 굳게 막힌 물길을 뚫듯, 최초의 바이오시밀러 제품인 '램시마'를 성공적으로 글로벌 시장에 런칭하여 셀트리온을 세계적인 바이오 기업으로 만들었습니다. 그 결과, 램시마는 유럽과 미국에서 글로벌 판매

허가를 획득한 최초의 바이오시밀러로 기록됐고, 막강한 경쟁자들을 물리치고 글로벌 시장에서 성공을 거두었습니다.

　서정진 회장의 끈질긴 돌파력과 강한 추진력은 내부적인 위기에서도 빛을 발했습니다. 2008년 글로벌 금융위기로 인해 셀트리온 역시 큰 위기를 겪었습니다. 자금난과 투자 철회 등으로 회사가 심각한 타격을 입었지만, 서정진 회장은 이 위기 앞에서도 뇌수해의 운처럼 강력히 대응했습니다. 그는 명확히 위기를 진단하고, 발 빠르게 자금을 확보하는 동시에 내부적으로 강력한 구조조정을 단행했습니다. 위기의 본질을 외부 환경 탓으로 돌리지 않고, 내부 시스템의 혁신과 효율성 제고를 통해 정면으로 돌파했습니다. 이러한 과감한 대응은 셀트리온이 위기를 오히려 기회로 삼아 더욱 강한 기업으로 재탄생하게 하는 결정적 계기가 되었습니다.

　이 과정에서 서정진 회장은 셀트리온의 조직 문화에도 혁신적인 변화를 가져왔습니다. 과감한 투자와 실패를 두려워하지 않는 도전 정신을 강조하며, 직원들로 하여금 강력한 추진력을 발휘할 수 있는 조직 분위기를 만들었습니다. 그는 직원들에게 끊임없이 새로운 도전을 장려했고, 난관 앞에서 움츠러들지 않도록 독려했습니다. 조직 내부의 이런 문화적 혁신은 셀트리온이 글로벌 바이오 시장에서 지속적으로 성장을 이루는 근본적 원동력이 되었습니다.

이후에도 서정진 회장은 바이오시밀러 분야에서 그치지 않고 신약 개발과 글로벌 시장 확대라는 새로운 목표를 설정하여 뇌수해의 운을 계속해서 이어가고 있습니다. 끊임없이 새로운 장애를 마주할 때마다 그는 정확히 문제를 진단하고, 다시금 돌파구를 마련하여 앞으로 나아 갔습니다. 이러한 서정진 회장의 리더십은 결국 셀트리온을 바이오시 밀러뿐만 아니라 글로벌 바이오산업 전반에서 영향력 있는 회사로 발 전시키는 데 결정적 역할을 했습니다.

서정진 회장의 인생과 셀트리온의 역사는 마치 뇌수해가 보여주는 운명과 같습니다. 어려움과 위기의 물결 속에서도, 천둥과 같은 추진 력으로 장애물을 돌파하고 얽힌 문제를 끊임없이 풀어가며 글로벌 시 장에서 한국 바이오 산업의 새로운 길을 열었습니다. 그의 운명은 수 동적인 행운이 아닌, 끈질긴 돌파력과 강력한 실행력으로 스스로의 길 을 개척한 능동적인 운의 경영 사례로 평가할 수 있습니다.

서정진 회장이 셀트리온을 통해 보여준 강력한 추진력과 끈질긴 돌 파력은 우리에게 명확한 메시지를 줍니다. 운은 결코 기다리는 것이 아 니라, 어떤 장애 앞에서도 적극적으로 돌파하고 해결해 나가면서 스스 로 개척하는 것입니다. 서정진 회장의 뇌수해의 운은 우리 모두가 인생 의 난관 앞에서 어떻게 행동해야 할지 명확하게 제시하고 있습니다. 결 국 진정한 운의 성공은 불확실성 속에서도 두려움 없이 전진하고, 끊임 없이 새로운 도전을 통해 막힌 운명을 스스로 풀어내는 데 있습니다.

한국 바이오 산업의 개척자 서정진의 곁에는 늘 조용한 반대와 냉소가 자리하고 있었습니다. 그가 새로운 도전을 이야기할 때마다, 사람들은 회의적인 시선과 함께 의심의 말들을 던졌고, 그로 인해 그는 누구에게도 말 못할 외로운 싸움을 이어가야 했습니다. 그런 외로움 속에서 순간의 방심이 찾아왔고, 그 찰나의 빈틈으로 찾아온 위기는 그가 쌓아올린 모든 것을 흔들어놓을 것처럼 보였습니다. 그는 과연 어떻게 위기를 극복했을까요?

개인 서정진

⋯ 절제와 균형으로 위기를 관리하는 운
물이 호수 위에 있어 넘치지 않도록 절제하는 균형감각 / 수택절 水澤節
(물이 호수에 적당히 차 있어 넘치지 않게 균형을 유지하는 모습)

개인으로서 서정진의 운명은 수택절水澤節의 운으로 명확하게 해석할 수 있습니다. 수택절水澤節은 위에 물水이 있고 아래에 호수澤가 있는 형상으로, 겉보기에는 평온하고 안정적이지만 그 이면에는 지속적인 절제와 자기 관리가 없으면 언제든 균형이 깨질 수 있는 위태로운 상태를 나타냅니다. 외적 성공을 유지하려면 내적 갈등과 유혹을 명확히 인지하고 엄격히 통제해야 한다는 뜻을 담고 있습니다.

서정진 회장은 셀트리온의 창업자로서 큰 부와 명성을 이루며 한국 바이오 산업의 성공 신화를 쓴 인물입니다. 사업 초기, 대부분의 사람이 바이오산업의 불확실성과 막대한 리스크를 강조하며 그의 도전을 만류했습니다. 하지만 서 회장은 외적 비판과 불확실성을 냉철히 인지하고 스스로를 절제하며 사업의 본질에 집중했습니다. 그는 남들이 두려워했던 위험을 명확히 파악하고, 철저한 자기 절제와 내부 관리로 결국 사업을 성공으로 이끌었습니다.

서정진의 외적 성공 뒤에는 엄격한 자기 절제와 내적 균형을 유지하는 노력이 있었습니다. 그는 철저한 시간 관리와 자기 관리로 유명하며, 평소 사업뿐 아니라 건강과 가정생활 역시 균형 잡힌 방식으로 관리했습니다. 사업적 성공 이후에도 그는 지속적으로 절제된 삶을 유지했으며, 개인적 욕망과 유혹에 흔들리지 않도록 자신의 생활을 엄격히 관리했습니다. 하지만 이 같은 절제와 균형도 한순간의 방심이 있다면 균열이 생길 수밖에 없습니다. 서정진 회장 또한 예외는 아니었습니다.

그가 경험한 대표적인 내적 갈등이 바로 과거 언론을 통해 알려진 혼외자 사건이었습니다. 이는 서정진이 그동안 보여준 철저한 자기 관리의 이미지와는 전혀 상반된, 내적으로 절제가 실패한 모습을 드러낸 사건이었습니다. 혼외자 사건이 알려졌을 당시, 그는 개인적으로도 상당한 위기를 겪었고, 외부적으로도 이미지에 큰 타격을 받았습니다. 그동안 사업적으로 성공한 외적 이미지와 내적 절제의 이미지가 한순간에 무너질 수도 있는 위기에 처한 것입니다.

수택절의 운은 바로 이러한 상황에서 절제와 내적 관리의 중요성을 경고합니다. 서정진은 이 위기를 명확하게 감지하고 빠르게 대응해야 했습니다. 그는 자신이 가진 내적 긴장과 갈등을 외면하거나 부정하는 대신 이를 직면하고, 이 문제를 해결하기 위해 진지하게 접근했습니다. 서 회장은 이 사건을 통해 내적 균형과 절제가 얼마나 중요한지 다시금 깊이 깨달았고, 본인이 오랫동안 유지해왔던 내적 균형을 다시 재정비했습니다.

이 사건 이후 서정진은 자신의 삶에 대한 관리를 한층 더 엄격히 했습니다. 혼외자 사건은 외적 성공과 내적 균형 사이의 긴장이 얼마나 쉽게 깨질 수 있는지를 보여준 사례였습니다. 그는 사건 이후 공개적인 활동을 자제하고 개인적인 내면 관리를 더욱 철저하게 강화했습니다. 또한 사업적 성취와 가족 관계 사이의 균형을 재정립하는 데 더 많은 노력을 기울였습니다. 그는 결국 이 사건을 통해 자신이 가진 내적 갈등과 긴장을 명확히 파악하고, 이를 적극적으로 관리하는 데 성공함으로써 다시금 균형을 회복할 수 있었습니다.

서정진 회장이 이 사건을 통해 얻은 가장 큰 교훈은 외적 성공이 아무리 커도 내적 균형을 유지하지 못하면 결국 위태로워질 수 있다는 것입니다. 수택절의 운이 경고하는 바와 같이 내적 절제와 자기 관리가 없으면 성공이 오래 지속되지 못하며, 항상 내면의 긴장과 갈등을 정확히 파악하고 관리해야 한다는 점을 분명히 깨달았습니다.

이처럼 서정진은 개인적 삶과 사업적 성공 모두에서 항상 내적 균형과 절제의 중요성을 몸소 체험하며 살아왔습니다. 그가 셀트리온을 세계적인 기업으로 키우고 꾸준히 성장시킬 수 있었던 것은 단지 뛰어난 전략이나 운 때문만은 아닙니다. 그는 마음속의 긴장과 갈등을 잘 관리했고, 이를 통해 얻은 성과를 늘 절제 있게 유지했기 때문입니다.

수택절의 운명은 완벽한 균형과 절제를 요구합니다. 단지 성공을 이루는 것만으로는 충분하지 않고, 끊임없이 자신의 내면을 들여다보며 균형을 유지해야만 장기적인 성공과 평화를 누릴 수 있습니다. 서정진 회장은 한때의 실수를 통해 이 원리를 뼈저리게 깨달았고, 다시는 내적 긴장과 갈등을 외면하지 않았습니다. 이후 그의 삶은 더욱 철저한 절제와 균형을 유지하는 방향으로 발전했습니다.

서정진 회장의 운이 보여주는 교훈은 분명합니다. 진정한 성공이란 외적인 성취와 내적인 균형의 조화에서 비롯된다는 것입니다. 아무리 뛰어난 외적 성과를 이루더라도 내면적 긴장과 갈등을 무시하면 결국 큰 위기를 맞이하게 됩니다. 철저한 자기 절제와 지속적인 내면 관리를 통해서만이 진정한 성공과 운의 균형을 유지할 수 있습니다. 서정진 회장의 삶은 이러한 운 관리의 원칙을 명확히 보여주는 좋은 사례입니다.

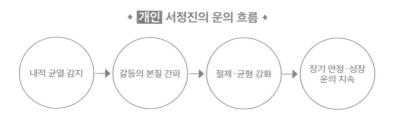

♦ 개인 서정진의 운의 흐름 ♦

내적 균열 감지 → 갈등의 본질 간파 → 절제·균형 강화 → 장기 안정·성장 운의 지속

　매일 시켜먹는 배달 음식, 그 전단지를 멍하니 보며 소파에 누워 있는 남편의 뒷모습이 답답하고 한심하다 못해 짜증이 날지도 모릅니다. 특별한 꿈도 없고 목표도 없어 보이는 평범한 남자. 사실 이 남자도 처음엔 다를 게 없었습니다. 그런데 어느 날, 그는 그저 반복되던 배달 전단지 속에서 모두가 놓쳤던 작은 기회를 감지하고 운명의 전환점을 만들 흐름을 발견했습니다. 과연 이 평범하고 답답한 남자가 어떻게 누구보다 특별한 성공을 이뤄냈는지, 그가 찾아낸 운 관리의 비밀을 지금부터 함께 살펴보겠습니다.

배달의민족의 경영인 **김봉진**

··· 유연한 대응과 끈질긴 노력으로 성장을 이루는 운

바람이 물 위를 스쳐 지나며 점진적으로 변화하는 모습 / 풍수환 風水渙

(바람이 물 위를 불어 흩어지며 문제를 유연하게 해결하고 새로운 흐름을 만들어내는 형상)

배달의 민족의 경영인 김봉진은 풍수환風水渙의 운을 통해 정확히 해석할 수 있습니다. 풍수환은 바람이 물 위를 불어 흩어지며 문제를 유연하게 해결하고 만들어내는 새로운 흐름을 나타냅니다. 이 운을 가진 사람은 조용하면서도 깊이 있는 관찰력을 가지고 있으며, 다른 사람이 보지 못하는 시대의 흐름을 남들보다 한발 앞서 정확히 파악하는 재능을 가지고 있습니다.

김봉진은 처음부터 성공의 탄탄대로를 걸은 사람은 아니었습니다. 오히려 그는 아주 평범한 가정에서 자랐고, 어릴 적부터 창의적이고 혁신적인 생각을 가졌음에도 불구하고 그의 가능성을 제대로 평가받지 못한 시기가 있었습니다. 그러나 김봉진의 강점은 바로 그의 탁월한 관찰력과 통찰력에 있었습니다. 대학을 졸업한 후 처음 들어간 회사에서도 그는 단순히 업무를 처리하는 데 그치지 않고, 세상의 흐름과 변화의 방향을 항상 조용히 관찰하고 있었습니다.

김봉진은 당시 스마트폰과 모바일 애플리케이션이라는 새로운 플랫

폼이 떠오르는 시대적 흐름을 남들보다 먼저 감지했습니다. 특히 그는 배달 음식이라는 일상적인 영역에서 남들이 놓치고 있던 불편함과 시장의 본질적 니즈를 정확히 파악했습니다. 이전까지 배달 음식 시장은 전화 주문 방식이 대부분이었고, 소비자는 메뉴나 리뷰 같은 정보를 찾는 데 많은 어려움을 겪었습니다. 그는 풍지관의 운을 따라, 바람처럼 조용히 대지를 훑으며 그 불편함을 면밀히 관찰하고 시장의 숨겨진 니즈를 파악했습니다.

이런 명확한 통찰력을 기반으로 그는 배달 애플리케이션이라는 혁신적인 아이디어를 떠올렸습니다. 김봉진은 즉각적으로 이 아이디어를 행동에 옮겼고, 단순히 관찰과 통찰에 그치지 않고 실제 사업을 통해 현실로 구현했습니다. 그러나 처음부터 성공적이었던 것은 아니었습니다. 많은 투자자들과 주변의 전문가들은 그의 아이디어가 너무 앞서있다고 생각했고, 성공 가능성을 회의적으로 바라봤습니다.

하지만 그는 풍지관의 운이 가진 특성을 완벽히 이해하고 있었습니다. 김봉진은 남들이 무시하거나 지나치는 작은 변화의 신호를 더 면밀히 지켜보며, 시대의 흐름을 정확히 읽어냈습니다. 그는 주변의 부정적 시각에도 흔들리지 않았습니다. 오히려 소비자들의 행동 변화를 끊임없이 분석하고, 시장의 미세한 움직임을 면밀히 파악하며, 자신의 확신을 더욱 견고하게 다졌습니다.

김봉진은 철저하게 사용자 중심적인 서비스를 개발하기 시작했습니다. 그는 앱의 직관적인 디자인과 사용자 편의성을 극대화한 UX(User Experience : 사용자 경험)를 구축하며, 소비자들의 작은 불편까지도 세심하게 개선했습니다. 이는 곧 시장에서 폭발적인 반응을 얻었고, 배달의민족은 급속히 성장하며 시장의 혁신을 이끌었습니다. 풍지관의 운이 상징하는 것처럼, 그는 바람처럼 조용하지만 깊이 있게 시대의 변화를 주도했습니다.

배달의민족이 성장한 이후에도 김봉진은 풍지관의 운을 잃지 않았습니다. 그는 성공에 도취되거나 과도한 확장에 집착하지 않고, 지속적으로 시장과 소비자의 변화를 세심하게 관찰하며 신중한 의사결정을 내렸습니다. 그는 시장의 작은 움직임을 놓치지 않고, 항상 새로운 기회와 위협을 먼저 감지했습니다. 소비자의 작은 목소리와 변화에도 주목했고, 배달의민족이 단순한 플랫폼에서 하나의 라이프스타일 브랜드로 발전할 수 있도록 장기적인 시각에서의 혁신을 추진했습니다.

김봉진의 또 다른 큰 강점은 자신이 얻은 성공을 개인의 부에 그치지 않고 사회적 책임과 공유의 가치로 확장했다는 점입니다. 그는 성공 이후에도 세상의 흐름을 계속해서 관찰했고, 자신이 얻은 부와 영향력을 어떻게 사회에 환원할지 고민했습니다. 그는 자신의 재산 절반 이상을 기부하기로 약속하며, 국내외적으로 큰 존경을 받았습니다. 이는 풍지관의 운이 단지 개인적 성공에 머물지 않고, 세상 전체의 흐름과 변화를 더욱 풍성하게 만드는 방향으로 발전했음을 보여줍니다.

결국 김봉진의 운은 단지 사업적 성공에 그치지 않고, 시대의 흐름을 면밀히 읽어내는 관찰력과 깊은 통찰력을 기반으로 진정한 의미의 지속 가능한 혁신과 사회적 책임을 구현하는 것으로 이어졌습니다. 풍지관의 운을 통해 김봉진은 자신만의 명확한 관찰과 분석 능력을 바탕으로, 개인의 성공을 넘어서 사회적 변화와 발전까지 이루어낸 진정한 혁신가로 자리 잡았습니다.

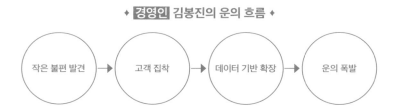

♦ **경영인** 김봉진의 운의 흐름 ♦

작은 불편 발견 → 고객 집착 → 데이터 기반 확장 → 운의 폭발

가끔 이런 경험이 있지 않나요? 일이 너무 잘 풀려서 모든 게 완벽해 보이는 순간, 오히려 마음속 깊은 곳에서 무언가 불안하게 흔들리는 느낌 말입니다. 개인 김봉진 역시 그랬습니다. 그는 남들이 부러워할 만큼의 성공을 거두었지만, 정작 그 성공 뒤에서는 몸과 마음의 균형이 깨지며 건강에 적신호가 켜졌습니다. 그는 그때 비로소 깨달았습니다. 외적 성공이 아무리 커도 자신의 내면과 건강을 지키지 못하면 그 모든 것이 무너질 수 있음을 말입니다. 혹시 지금 당신도 성공을 향한 질주 속에서 스스로의 몸과 마음을 돌아보지 않고 있지는 않은지

요? 개인 김봉진의 이야기를 통해, 당신의 인생을 건강하게 지켜낼 내적 균형의 중요성을 다시금 생각해보시기 바랍니다.

개인 김봉진

⋯ 내면의 자원을 꾸준히 관리해 지속 가능한 성장을 이루는 운
물이 바람 위에 있어 끊임없이 샘솟는 우물처럼 내면의 힘을 길어 올리는 모습
/ 수풍정 水風井 (우물에서 물을 길어내듯 자기 내면을 성찰하고 꾸준히 관리하는 운)

개인으로서 김봉진의 운은 수풍정水風井의 운으로 풀이할 수 있습니다. 수풍정水風井은 위에 물水이 있고 아래에 바람風이 있는 형상으로, 겉보기에는 평온하고 풍요로워 보이지만, 내면의 자원을 지속적으로 관리하고 보충하지 않으면 언제든 위태로워질 수 있는 상태를 나타냅니다. 우물이 물을 끊임없이 공급하기 위해서는 바닥의 샘물이 마르지 않도록 꾸준히 관리해야 하는 것과 마찬가지로, 외적 성공과 성취를 지속하기 위해서는 내적 균형과 자기 성찰을 지속적으로 유지해야 한다는 뜻을 담고 있습니다.

김봉진은 배달의민족을 창업해 한국의 음식 배달 문화를 완전히 변화시킨 혁신적 기업가입니다. 그는 모바일 앱을 통해 배달 음식을 쉽고 빠르게 주문할 수 있게 만드는 단순한 아이디어로 시작해, 대한민국 국민들의 생활 방식을 바꿀 만큼 놀라운 성장을 이루었습니다. 배달의민족은 빠르게 성장하며 시장 점유율 1위를 차지했고, 김봉진 개

인적으로도 막대한 부와 사회적 인지도를 얻었습니다. 겉보기에는 김봉진의 삶은 아무런 문제가 없는 완벽한 성공의 길을 걷고 있는 것처럼 보였습니다.

하지만 이런 큰 성취와 급격한 성장의 이면에는 결코 평탄하지 않은 여러 위기와 긴장들이 존재했습니다. 외적 성장이 너무 빠르게 진행되면서 조직 내부에서는 인력 관리나 시스템 구축과 같은 본질적인 문제가 불거졌습니다. 특히 김봉진이 빠른 성장 속에서 내적 긴장과 갈등을 제대로 관리하지 못했던 시기가 있었습니다. 대표적인 예가 바로 2013년 말 벌어진 시스템 마비 사태입니다. 당시 배달의민족은 '타임세일 이벤트'를 진행하며 사용자를 적극적으로 유치했는데, 예상치 못한 과도한 접속량과 주문 폭주로 인해 서버가 갑자기 마비되는 큰 혼란을 겪었습니다. 이 사건은 단지 기술적 문제에 그치지 않고, 고객과 음식점주들로부터 큰 불만과 신뢰 하락이라는 심각한 위기로 이어졌습니다. 외적 성공을 위해 지나치게 빠른 성장과 공격적 마케팅에만 집중한 결과, 내부 시스템과 관리 역량이라는 내면적 균형을 놓친 탓이었습니다.

수풍정의 운은 내면의 자원을 지속적으로 관리하고 보충해야 한다고 경고합니다. 김봉진은 이 위기를 계기로 자기 자신과 조직 내부의 본질적인 문제를 명확히 직시했습니다. 그는 단순히 외적 성장에 집중하는 것을 넘어서, 조직의 시스템 안정화와 내부 관리 역량 강화라는 본질에 집중하기 시작했습니다. 이 사건 이후 김봉진은 서비스 운영의 안정성을 최우선 목표로 삼았고, 인프라 확충과 인재 영입, 그리고 내부 조직 문화를 수평적이고 창의적으로 만드는 데 집중하며 내적 균형을 회복했습니다.

하지만 개인 김봉진으로서도 큰 위기가 있었습니다. 사업의 압박과 업무 과중으로 인해 그는 과로와 심각한 스트레스를 겪었고, 건강이 급격히 악화되었습니다. 그는 바쁜 일정 속에서 내적 자원을 소진하며 무리한 업무를 지속했고, 어느 날 건강 검진에서 심각한 경고를 받게 되었습니다. 의사는 그에게 충분한 휴식과 내적 관리를 하지 않으면 더 심각한 결과로 이어질 수 있다고 경고했습니다. 겉으로 보기에는 성공한 기업가의 화려한 삶이었지만, 내적으로는 심각한 균형의 붕괴와 긴장 상태였던 것입니다.

김봉진은 이때야 비로소 자신의 내적 자원을 철저히 관리하지 못했음을 명확히 깨달았습니다. 수풍정의 운이 경고하는 것처럼, 외적 성취만을 좇다 보면 내면이 고갈되어 결국 외적 성취마저 무너질 수 있다는 사실을 깊이 인식했습니다. 이후 그는 삶의 균형을 다시 재정립하기 위해 철저히 노력했습니다. 그는 업무 시간을 엄격하게 제한했으며, 명상과 운동을 꾸준히 하며 마음과 몸의 회복에 힘썼습니다.

특히 김봉진은 이 시기에 인문학과 철학을 깊이 공부하며 자신의 내면적 가치를 재확립했습니다. 단순히 돈이나 성공 같은 외적 목표만을 좇는 삶이 아니라, 개인적인 성장과 사회적 가치 실현이라는 내적 균형을 찾기 위해 노력했습니다. 이러한 자기 성찰은 그가 다시 사업을 더 강력하고 지속 가능하게 성장시키는데 결정적인 도움을 주었습니다.

이처럼 김봉진이 겪었던 외적 위기와 개인적 건강 문제는 수풍정의 운이 가르치는 중요한 교훈을 담고 있습니다. 외적 성취와 성공이 아무리 크고 화려하더라도, 내적 균형과 지속적인 자기 성찰이 없다면 결국 그 성과는 위태로워질 수밖에 없습니다. 김봉진은 철저한 자기 반성과 내적 균형의 중요성을 절실히 깨달았고, 이를 바탕으로 개인적인 삶과 기업 운영 모두를 더욱 균형 잡힌 방식으로 관리했습니다.

김봉진의 경험이 보여주는 교훈은 분명합니다. 진정한 성공과 운의 지속 가능성은 단순히 외적인 성취에 달려 있지 않습니다. 오히려 외적 성공을 뒷받침하는 내적 자원과 균형이 제대로 관리될 때만 진정한 운의 흐름이 지속됩니다. 김봉진의 삶은 수풍정의 운이 의미하는 이 원칙을 명확히 보여줍니다. 결국 김봉진이 개인과 기업의 성공을 장기적으로 유지할 수 있었던 것은 외적 성공에 안주하지 않고, 내적 자원을 끊임없이 길어 올리고 관리했기 때문입니다. 그는 위기와 내적 긴장을 정면으로 직면하고 이를 명확히 이해하며, 적극적으로 자기 관리를 통해 다시 내적 균형을 회복했습니다. 수풍정이 의미하는 운명적 교훈을 김봉진은 온몸으로 실천한 것입니다. 김봉진이 개인적으로 경험한 이러한 운의 흐름은 우리에게 중요한 메시지를 전합니다. 내적 자원과 균형을 지속적으로 관리하지 않는 외적 성공은 결코 오래 지속되지 못합니다. 삶의 진정한 균형은 외부적 성공뿐 아니라 내적 관리와 자기 성찰을 통해서만 이루어질 수 있다는 점입니다. 김봉진의 삶은 이러한 운 관리의 원칙을 명확히 보여주는 좋은 사례입니다.

✦ **개인** 김봉진의 운의 흐름 ✦

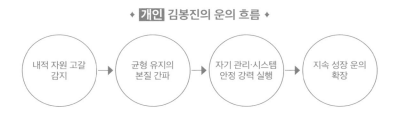

6장

운의 무게, 견딜 것인가?
즐길 것인가?

1. 같은 부의 원천, 다른 운의 경영 방법

　세상은 금수저를 부러워합니다. 태어날 때부터 부와 권력을 약속받은 운명을 가진 이재용과 정용진. 그들 역시 부모로부터 흘러온 '운의 파동' 속에서 살아가지만, 결코 평탄한 길만 걷는 것은 아닙니다. 순간의 방심과 위기로 흔들릴 때도 있지만, 결국 이들은 부모가 쌓아올린 운의 흐름을 타고 다시금 일어서게 됩니다. 같은 부의 원천에서 출발한 두 사람, 그러나 서로 다른 운의 관리법을 통해 각자의 운명을 만들어 나갑니다.

　지금부터 이재용과 정용진의 삶을 통해, 자녀에게 재산과 함께 물려줘야 할 진정한 유산인 '운의 경영법'을 함께 살펴보겠습니다.

세상 사람들은 이재용의 이름 앞에 늘 '삼성'이라는 무게를 먼저 떠올립니다. 그러나 그는 삼성이라는 화려한 이름 이면에서, 남모를 운명의 압박과 끝없는 자기와의 싸움을 지속해왔습니다. 주어진 부와 권력은 화려했지만, 그 화려함만큼이나 깊은 그림자를 드리웠기 때문입니다. 그는 스스로에게 주어진 운명의 무게를 회피하지 않았고, 오히려 그 무게를 자기 성장의 원동력으로 삼았습니다. 한 개인이, 상속이라는 화려한 굴레 속에서 어떻게 자신만의 운을 새롭게 만들어 갔는지 찬찬히 살펴보겠습니다.

삼성 그룹의 경영인 이재용

······→ 밝은 비전과 적극적인 추진력으로 지속적인 성취를 이루는 운
태양이 대지 위로 떠올라 만물을 비추듯 강력한 빛으로 성장을 이끄는 모습
/ 화지진 火地晉 (밝은 태양이 땅 위로 솟아오르듯 명확한 목표와 강한 추진력을 바탕으로
꾸준히 발전하는 운)

삼성의 경영인으로서 이재용 회장은 화지진火地晉의 운으로 풀이할 수 있습니다. 화지진은 땅 위로 태양이 떠올라 새 시대를 밝히는 상징적 형상으로, 이전의 리더가 만들어 놓은 성과와 그림자에서 벗어나 자신의 빛을 스스로 만들어야 하는 운명을 나타냅니다. 이는 삼성의 새로운 시대를 여는 리더로서 이재용 회장이 정확히 직면한 현실이자 위기였습니다. 이재용 회장은 이 위기를 매우 예민하게 감지했습니다.

그는 아버지 이건희 회장이 이룬 글로벌 기업으로서의 삼성의 성공

이 오히려 자신이 극복해야 할 거대한 장애물이자 부담이라는 사실을 일찍부터 인식했습니다. 특히 경영권 승계 과정에서 나타난 여러 법적·윤리적 문제와 사회적 비판, 그리고 급격히 변화하는 글로벌 시장 상황을 누구보다 빨리 포착하고 있었습니다. 그는 이러한 위기의 본질을 명확하게 판단했습니다. 아버지 세대의 경영 방식은 빠르게 변화하는 글로벌 환경과 윤리적 투명성 요구가 높아진 현대사회에서 더 이상 지속 가능하지 않다는 것을 깨달았습니다. 그는 삼성의 리더십 전환과 동시에 내부적 투명성과 외부적 신뢰 회복이 반드시 이루어져야 한다는 본질적인 과제를 이해하고 있었습니다.

이재용 회장은 이를 해결하기 위해 지배구조 투명화와 경영 쇄신을 위한 의사결정 기구의 개혁을 추진했고, 그룹 내 주요 계열사의 전문경영인 체제를 강화했습니다. 과거와는 달리 투명한 의사소통과 글로벌 투자 확대, 미국과 유럽 현지의 대규모 반도체 투자를 통해 삼성의 글로벌 리더십과 브랜드 신뢰를 회복하는 데 집중했습니다.

하지만 화지진 운에도 나와 있듯이, 그의 모든 변화는 여전히 이전 세대와의 끊임없는 비교와 평가 속에서 이루어질 수밖에 없었습니다. 이는 경영권 승계와 관련된 법적 갈등, 국정농단 사태 등으로 현실화되며 이재용 개인과 삼성의 리스크로 표면화되었습니다. 그럼에도 그는 위기를 정면으로 돌파하며 지속 가능한 순환을 만들어가려 노력했습니다.

조직 내부의 신뢰 회복과 글로벌 경쟁력 강화를 통해 삼성의 혁신을 지속적으로 추구했고, 전기차 배터리, AI, 바이오 등 미래산업으로 사업의 무게 중심을 빠르게 전환하며 운을 주도적으로 운영했습니다. 결국, 이재용의 경영자로서의 운명 관리는 다음의 흐름을 통해 반복됩니다. 위기의 감지 → 본질의 명확한 판단 → 즉각적이고 강력한 실행 → 지속 가능한 순환의 관점에서 보면 그는 끊임없이 이 사이클을 유지하며 삼성의 글로벌 위상을 지켜가고 있다고 볼 수 있습니다.

◆ **경영인** 이재용의 운의 흐름 ◆

| 글로벌 경쟁 심화와 승계 리스크 위기 감지 | → | 투명한 지배구조와 미래산업 중심의 리더십 전환이라는 본질적 해법 간파 | → | 전문경영인 체제 강화 및 반도체·AI·바이오 등 미래산업에 공격적 투자 단행 | → | 글로벌 신뢰 회복과 삼성의 지속 가능한 리더십 확립으로 운을 상승 |

준비되지 않은 피상속자에게, 섣부른 상속은 재앙이 될 수도 있습니다. 부모가 만들어 놓은 거대한 운의 파도에 휩쓸려, 자신의 운을 제대로 펼쳐보지도 못한 채 살아갈 수도 있기 때문입니다. 삼성의 이재용 역시 마찬가지였습니다. 그는 부와 권력을 물려받았지만, 그 무게만큼이나 내면에서 수많은 갈등과 위기를 마주해야 했습니다. 그래서 우리는 부모가 반드시 가르쳐야 할 두 가지 '운의 관리법'을 생각해야 합니다. 물려받은 부를 지키고 키워나가는 운 관리와, 피상속자 개인의 삶을 균형 있게 유지하기 위한 운 관리입니다.

이제 개인 이재용의 삶을 통해, 상속이 어떤 운명의 파장을 불러왔으며, 그가 어떻게 그 운을 관리하고 다시 균형을 찾아갔는지 살펴보겠습니다.

개인 이재용

⋯→ 겸손함과 낮은 자세로 꾸준히 내실을 다지는 운
지산겸(地山謙)의 운 / 땅 아래 산이 자리 잡은 모습으로, 겸허하게 자신을 낮추고 꾸준한 노력으로 내면을 견고하게 성장시키는 운

⋯→ 외부의 지혜와 에너지를 적극적으로 받아들여 성장하는 운
산뢰이(山雷頤)의 운 / 산 아래에서 천둥이 울려 퍼지는 모습으로, 외부로부터 오는 지식과 자원을 적극적으로 흡수하고 활용하여 내적 성장을 이루는 운

개인으로서의 이재용 회장은 지산겸地山謙과 산뢰이山雷頤 운으로 해석할 수 있습니다. 지산겸은 산이 땅 아래 자리 잡고 겸손하게 머무는 모습으로, 높은 자리에 있음에도 겸손과 신중함으로 자신의 내면과 인간관계를 균형 있게 관리해야 하는 운을 나타냅니다.

이재용은 어린 시절부터 삼성 오너가의 후계자로서 막대한 사회적 관심과 기대 속에 살았습니다. 개인적인 삶은 항상 아버지의 그림자와 오너가의 책임이라는 중압감 아래 존재했습니다. 그는 이러한 내적 긴장과 위기를 감지했지만, 이를 공개적으로 드러내기보다는 오히려 조용히 자신을 통제하고 절제하는 방식으로 살아왔습니다. 이것은 지산

겸이 가르치는 겸허한 내적 태도를 유지하려 했던 것과 같습니다.

하지만 이 내적 균형과 겸손의 태도는 경영 승계 과정과 개인적 위기 속에서 여러 번 흔들렸습니다. 그는 개인적인 문제, 예를 들어 이혼이나 가족과의 갈등 등 복잡한 개인사를 경험하면서 내면의 균형과 안정이 중요하다는 것을 더욱 명확히 판단하게 되었습니다. 이러한 개인적 갈등과 긴장 속에서도 이재용은 외부에 노출되지 않도록 철저하게 자신을 관리해왔습니다.

산뢰이山雷頤는 산 위에서 천둥이 울려 생명을 키우고 유지하는 형상으로, 개인은 가정과 사회에 대한 책임을 동시에 지니고 있으며, 리더는 조직과 가족의 지속 가능한 성장을 위해 노력해야 합니다. 이재용 개인의 삶은 삼성이라는 거대한 조직과 오너 일가의 운명을 책임져야 하는 막중한 의무를 부여받고 있으며, 그 책임은 본인의 내면적 스트레스와 갈등을 더욱 심화시키고 있습니다.

산뢰이 운은 조직과 가정을 안정적으로 관리하기 위해서는 내면적 균형과 지속적인 관리가 필수적이라고 강조합니다. 그러나 이재용 개인의 삶에서는 이러한 균형 유지가 쉽지 않았습니다. 그는 개인적 행복이나 가정의 안정 대신 기업과 사회적 책임을 최우선으로 하며 살아야 했고, 이는 그의 개인적 삶에 크고 작은 갈등을 초래했습니다.

개인적 관계에서도 그는 절제된 삶을 선택했으나, 결혼과 이혼 등

사생활 문제가 언론을 통해 공개되었고, 이는 그의 개인적 운명의 균형을 유지하는 데 어려움을 더했습니다. 그럼에도 그는 여전히 지산겸의 가르침처럼 개인적 갈등을 철저히 관리하고, 외부로 표출되지 않도록 지속적인 내면적 순환과 절제를 통해 균형을 유지하려 노력하고 있습니다.

결국 이재용의 개인적 운명 관리는 다음의 흐름으로 정리됩니다. 개인의 운의 흐름 역시 내적 긴장과 갈등의 감지 → 본질적 내면 균형의 명확한 판단 → 철저하고 지속적인 내적 관리 → 지속 가능한 개인적 순환의 관점으로 구분하여 풀이할 수 있습니다. 이재용은 개인으로서의 안정과 조직 리더로서의 책임이라는 두 가지 요소 사이에서 끊임없이 균형을 맞추고 있다고 보여집니다.

결론적으로, 이재용 회장의 사례는 경영인과 개인 두 가지 영역에서 운명의 흐름을 관리해야 하는 현대적 리더십의 현실을 잘 보여줍니다. 삼성의 미래와 그의 개인적 삶의 안정은 모두 지속적인 균형 유지와 명확한 판단, 신속한 실행, 그리고 지속 가능한 운의 순환에 달려있다고 볼 수 있습니다.

오너가 중압감 감지 → 겸손·내적 균형의 본질 통찰 → 절제·학습 중심 자기관리 실행 → 개인과 조직 신뢰를 굳히며 운을 정진

신세계 그룹의 경영인 정용진

··· 과감한 도전과 혁신적 발상으로 한계를 돌파해 큰 성취를 이루는 운
택풍대과(澤風大過)의 운 / 연못 위로 강한 바람이 불어와 정체된 물을 새롭게
순환시키듯, 대담한 결단력과 혁신적 사고로 기존의 한계를 뛰어넘고
성장과 발전을 이루는 운

그가 하는 일마다 손실만 키운다며, 사람들은 조용히 그의 뒤에서 비웃었습니다. 물려받은 상속 재산이 없었다면 결코 지금의 자리에 오를 수 없었을 거라며, 냉소적인 시선을 던지기도 했습니다. 그러나 그는 그 모든 의심을 침묵 속에서 견뎌내며 마침내 성과로 스스로를 증명해냈습니다. 바로 신세계 그룹의 정용진 회장입니다.

지금부터 우리는 그가 어떻게 상속자로서의 무게를 감당했고, 주변의 회의와 편견 속에서도 자신만의 운을 경영하며 진정한 리더로 성장했는지 살펴보고자 합니다.

정용진 회장의 경영자로서의 운명은 택풍대과澤風大過 의 운으로 설명할 수 있습니다. 택풍대과는 연못 위로 강력한 바람이 불어와 오래 정체된 물을 새롭게 순환시키고 변화를 일으키는 형상으로, 기존의 틀과 관습에 과감히 도전하고 혁신적 변화를 통해 막힌 길을 뚫는 운의 흐름을 상징합니다. 이는 정용진 회장이 전통적인 오프라인 유통업계의 한계를 뛰어넘어, 스타필드와 같은 복합쇼핑몰을 통해 완전히 새로운 형태의 비즈니스 모델을 만들어낸 과정과 정확히 일치합니다.

정용진 회장은 기존의 유통산업에서 나타나는 구조적 한계와 소비 트렌드 변화를 매우 예민하고 빠르게 감지했습니다. 특히 2010년대 이후, 온라인 쇼핑몰과 모바일 커머스의 급격한 성장이 기존 오프라인 유통사업의 경쟁력을 크게 위협하고 있음을 명확히 인지했습니다. 아마존, 쿠팡 등 글로벌 이커머스 업체들이 빠르게 국내 시장을 장악해 가는 상황에서도, 전통적인 백화점과 대형마트 중심의 유통 모델을 유지한다면 결국 시장에서 도태될 수밖에 없음을 그는 누구보다 빠르게 인식했습니다.

당시 대부분의 경쟁사들은 급변하는 소비 환경에도 불구하고 안일한 대응을 유지하며 변화에 소극적이었습니다. 그러나 정용진 회장은 이 문제의 본질을 철저하게 분석하고 명확히 판단했습니다. 그는 소비자들이 단순히 상품만을 구매하는 전통적인 쇼핑 방식에서 점차 벗어나, 쇼핑과 함께 다양한 체험과 놀이, 문화적 가치를 동시에 얻고자 하는 방향으로 빠르게 전환되고 있다는 사실을 간파했습니다. 더 나아가 그는 소비자들이 원하는 것은 단순한 제품 자체가 아니라 제품과 결합된 '경험'이며, 이러한 경험적 소비를 제공할 수 있는 오프라인 플랫폼이 새로운 유통 모델의 중심이 될 것이라 확신했습니다.

이러한 본질적 판단을 바탕으로, 정용진 회장은 즉각적이고 강력한 실행에 돌입했습니다. 그는 오랜 시간 신세계 그룹이 주력해온 전통적 유통 방식에서 벗어나, 전혀 다른 차원의 복합쇼핑몰 사업을 공격적으로 추진했습니다. 그 대표적인 결과물이 바로 '스타필드'였습니다. 스타필드는 단순히 상품을 진열하고 판매하는 기존 백화점이나 마트와는 전혀 다른 컨셉을 가진 공간이었습니다. 쇼핑몰을 단지 물건을 사는 곳이 아닌 '가족과 함께 하루를 즐겁게 보내는 체험 중심의 공간'으로 재정의했고, 수많은 문화적 요소와 놀이시설, 푸드코트를 결합한 완전히 새로운 유통의 패러다임을 만들어냈습니다.

하지만 이런 혁신적 시도가 처음부터 쉬웠던 것은 아닙니다. 내부적으로도 스타필드와 같은 전혀 새로운 사업 모델을 추진하는 과정에서, 전통적 유통 방식에 익숙했던 그룹 내 구성원들과의 심각한 긴장과 갈등이 발생했습니다. 전통적 백화점이나 대형마트의 직원들은 갑작스러운 변화와 급격한 전략 전환에 강한 위기감을 느끼기도 했고, 일부 임원들과의 전략적 의견 충돌과 내부 반발로 인해 추진 과정에서 상당한 어려움을 겪기도 했습니다. 택풍대과의 운이 경고하듯, 강력한 변화와 빠른 혁신의 추진력은 종종 조직 내부에 심각한 갈등과 긴장을 초래할 수 있음을 명확히 보여준 사례였습니다.

그러나 정용진 회장은 이러한 내부적 긴장과 외부의 반발에 결코 굴복하지 않았습니다. 오히려 그는 이 긴장을 더욱 적극적으로 관리하고 조직 내 변화를 강력하게 밀어붙이면서, 지속적인 혁신의 흐름을 유지했습니다. 그는 경영자로서 자신이 옳다고 판단한 방향을 철저히 고수했고, 외부의 반대나 내부의 불만에도 불구하고 스타필드 프로젝트를 계속해서 확장했습니다. 결과적으로 스타필드는 신세계 그룹의 새로운 핵심 성장동력으로 자리 잡게 되었으며, 기존 유통 시장의 트렌드를 근본적으로 변화시키는 혁신적 성공 사례로 평가받게 되었습니다.

이러한 과감한 혁신과 추진력은 결국 시장에서도 강력한 성과로 나타났습니다. 최근 이마트의 실적에서도 분명히 드러나듯, 2025년 1분기 이마트는 8년 만에 가장 큰 규모의 실적 성장을 달성했습니다. 이는 단순한 일회성 성공이 아니라, 정용진 회장이 과감히 추진한 장기적인 전략과 체질 개선이 현실적인 성과로 연결되었음을 증명한 것입니다. 내부적인 긴장과 갈등을 극복하고 과감한 혁신을 지속한 결과, 그룹 전체의 실적이 확연히 개선되고 미래 성장의 기반이 튼튼히 마련된 것입니다.

결국 정용진 회장의 경영자로서의 운명 관리 프로세스는 다음의 흐름으로 끊임없이 반복됩니다. 시장의 위기와 변화에 대한 빠른 감지 → 소비자 욕구 변화라는 본질을 정확히 판단 → 내부 반발을 무릅쓰고 과감히 새로운 전략을 실행 → 성공적 결과를 기반으로 지속 가능한 혁신의 순환을 이루는 것입니다.

이러한 경영방식을 통해 그는 신세계 그룹을 성공적으로 운영하며, 조직 내부의 긴장과 시장 변화의 위기를 오히려 성장의 기회로 적극적으로 활용하는 리더십을 보여주고 있습니다. 정용진 회장이 걸어온 경영자로서의 길은 결국 택풍대과가 말하는 운의 본질을 명확히 실천한 사례로써, 강력한 추진력과 과감한 혁신으로 새로운 시대의 변화를 주도하고 있음을 보여주는 명확한 증거입니다.

◆ **경영인** 정용진의 운의 흐름 ◆

오프라인 유통의 위기 신호 포착 → 소비자 경험 중심의 복합쇼핑 전략 간파 → 스타필드 확장 및 이마트 사업구조 혁신 단행 → 유통시장 판도 재편, 이마트 실적 반등으로 운의 대도약

세상의 시선은 늘 정용진의 화려한 라이프스타일과 거침없는 행보에 머물렀습니다. 그러나 사람들 눈에 비친 그의 당당한 모습 이면엔 부모로부터 물려받은 부의 무게와 외로움이 깊게 자리 잡고 있었습니다. 정용진은 오해와 편견으로 가득 찬 시선 속에서도 스스로의 내면과 대화를 놓지 않았고, 결국 자기만의 방식으로 운을 경영해냈습니다. 한 개인이 상속자로서 겪어야 했던 외로움과 책임의 무게를 어떻게 감당하고 스스로 운을 재설계했는지, 그의 삶을 통해 우리 아이가 어떻게 성장할 수 있도록 교육해야 할지 함께 고민해 보시기 바랍니다.

개인으로서 정용진 회장의 운은 화수미제火水未濟와 산택손山澤損의 운으로 설명할 수 있습니다. 화수미제火水未濟는 위로는 불火, 아래로는 물水이 있어 상반된 에너지가 조화롭지 못하고 불안정한 상태를 나타냅니다. 정용진 개인의 삶 역시 표면적으로 화려한 성공과 부유한 환경 속에 있지만, 실제로는 매우 복잡하고 불안정한 긴장 속에서 진행되었습니다. 그는 재벌가의 후계자로 태어나 일찍부터 큰 관심과 부담을 받았으며, 자유롭고 개방적인 개인적 성격과 재벌가라는 엄격하고 보수적인 환경 사이의 충돌을 끊임없이 겪었습니다.

정용진 회장은 이러한 내적 긴장과 갈등을 매우 민감하게 감지했습니다. 특히 개인적 결혼과 이혼 과정에서 나타난 복잡한 가정사, 대중의 관심과 언론의 주목을 받는 일상 등은 개인으로서의 그를 끊임없이 위기와 긴장 상태에 놓이게 했습니다. 그는 자신의 삶이 표면적으로는 완벽해 보이지만 실제로는 갈등과 긴장으로 가득 차 있다는 사실을 정확히 인지했습니다.

이러한 긴장의 본질은 그가 진정으로 원하는 개인적 자유와 자신이 처한 환경적 책임 사이의 괴리였습니다. 그는 이 본질을 명확히 판단하고 있었지만, 이를 근본적으로 해결하는 데 있어서는 항상 어려움을 겪었습니다. 이는 산택손山澤損의 운으로 해석할 수 있습니다. 산택손은 산에서 물이 빠져나가듯 손실과 희생을 의미하지만, 그러한 손실이 오히려 더 큰 성장을 위한 기회를 제공한다고 말합니다. 정용진 회장은 개인적 자유와 행복의 일부를 희생하면서도 기업을 위해 책임과 역할을 수행하는 방식으로 삶을 운영했습니다. 즉, 개인적 삶의 일부를 희생하는 것으로 그룹의 안정과 발전을 유지해왔습니다.

그러나 이 과정에서 개인적 리스크는 끊임없이 반복되었습니다. 결혼과 이혼 등 개인적 문제가 외부에 공개되며 그의 개인적 삶에 지속적인 압박과 긴장을 주었습니다. 그는 내적 균형을 유지하기 위해 끊임없이 개인적 손실을 감내하며 삶의 순환을 이어가고 있습니다. 그럼에도 그는 개인적인 갈등과 긴장을 외부에 드러내지 않으려 노력하며, 철저한 자기관리와 절제를 통해 자신만의 방식으로 개인적 삶의 균형을 유지하고 있습니다. 정용진 개인의 운명 관리 역시 다음과 같은 흐름 속에서 정리됩니다. 내적 긴장과 갈등의 감지 → 본질적 내면 갈등의 명확한 판단 → 철저한 자기관리와 손실의 감내 → 지속 가능한 내적 순환으로 구분됩니다.

결국 정용진 개인의 삶은 지속적인 긴장과 갈등 속에서도 희생과 절제를 통해 균형과 순환을 유지하고 있으며, 이는 주역이 말하는 미완성의 균형을 유지하면서도 개인적 희생을 감내해야 하는 복잡한 운명과 정확히 맞닿아 있습니다. 정용진 회장의 사례를 통해 우리는 경영인과 개인의 삶이 어떻게 상호작용하고 있는지를 명확히 볼 수 있습니다. 경영인으로서의 과감한 혁신과 개인으로서의 내면적 갈등 관리가 지속적으로 상호작용하면서, 그가 이끄는 신세계 그룹과 개인의 삶 모두 운명의 흐름 속에서 끊임없이 움직이고 있습니다. 정용진 회장의 운명은 결국 두 영역의 지속적 균형과 관리에서 그 본질적 성공과 안정이 결정될 것으로 보여집니다.

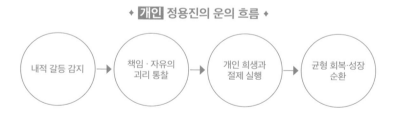

✦ 개인 정용진의 운의 흐름 ✦

내적 갈등 감지 → 책임 · 자유의 괴리 통찰 → 개인 희생과 절제 실행 → 균형 회복·성장 순환

Lesson 3.

나이대별로
달라지는
운의 흐름

항상 판단해야 하는
운의 흐름

항상 판단해야하는
운의 흐름

    우리는 모두 저마다 각자의 '운'을 타고 태어납니다. 하지만 그 운이 누구를 위해 존재하며, 어떤 목적을 가지고 있는지 깊이 생각해본 적 있습니까? 운이란 단지 우연과 행운의 산물이 아니라, 삶을 살아가는 방향을 결정짓는 강력한 에너지입니다. 또한 운이란 개인의 운도 있지만, 가문의 운도 있으며, 나라의 운, 즉 국운도 있습니다. 운이라는 것은 눈에 보이지 않지만 이미 구조화되어 있는 이 세계를 구성하는 필수 요소라고 해도 과언이 아닙니다.

    운은 스스로 흘러가지 않습니다. 누군가가 반드시 그 운을 받아 사용하게 됩니다. 문제는 그 운을 사용하는 주체가 누구이며, 어떤 가치를 위해 쓰느냐는 것입니다. 자신의 운을 의식하지 못한 채 타인의 기대, 사회의 기준, 혹은 막연한 성공이라는 그림자에 맡기면, 운은 허무하게 소모되어 사라집니다. 그러나 운을 사용하는 소비자가 분명하고 명확할 때, 삶은 완전히 다른 빛깔을 띠기 시작합니다. 그 소비자는 때로는 자신이 될 수도 있고, 때로는 부모나 자녀, 또는 배우자나 친구가 될 수도 있습니다. 각 인생의 단계마다 누구를 위해 운을 쓸지 선택하는 그 순간이 곧 운명을 가르는 결정적 순간입니다.

지금 우리는 100세 시대를 살아가고 있습니다. 태어나는 순간부터 죽음의 문턱에 이르기까지, 운의 소비자는 끊임없이 변화하며 우리의 삶을 좌우합니다. 그러므로 이 질문은 이제 더 이상 미룰 수 없습니다.

"지금 당신의 운은 누구를 위한 것입니까?"

이 질문에 대한 대답이 명확해질 때 비로소 운은 의미를 지니게 되고, 삶의 깊이와 방향성을 얻게 됩니다. 이제 각 인생 단계에서 운의 소비자를 잘 설정한 사람과 그렇지 못한 사람의 삶을 살펴보며, 우리 운명의 진정한 소비자가 누구여야 하는지 인생을 운이 흐르는 7가지 시기로 구분하여 천천히 들여다보겠습니다.

7장

유년기
부모의 결정이
아이의 평생을 좌우한다

부모는 아이 운명의 출발점이 되는 최초의 소비자입니다.

인간은 태어나면서 스스로 운명을 결정할 수 없습니다. 이 시기의 운명은 전적으로 부모에게 맡겨집니다. 부모의 선택이 아이의 운을 꽃 피우기도 하고, 정체시키기도 합니다. 그래서 부모의 결정은 더욱 신중해야 합니다. 영유아기에 부모가 어떻게 아이의 운을 사용하는지에 따라 아이의 정서와 미래가 결정될 수 있기 때문입니다. 부모가 영유아기 자녀를 위해 내려주는 결정은 아이의 평생에 영향을 줍니다. 이 시기 아이의 운은 온전히 부모의 선택에 의존하며, 그 선택의 결과는 아이의 평생에 흔적을 남기게 됩니다. 부모가 스스로의 욕망과 불안에 의해 결정을 내리면 아이는 자신의 운을 소모당하고 정서적, 신체적

어려움을 겪을 수 있습니다. 하지만 부모가 아이의 본성을 잘 관찰하고 존중하며, 행복과 성장을 중심으로 아이의 운을 설계할 때, 아이의 운은 아름답게 확장되고 풍요로워집니다. 부모는 아이에게 주어진 최초의 운을 어떻게 사용할지 깊이 생각해야 합니다. 아이의 운을 올바르게 소비하는 것은 부모의 가장 큰 책임이며, 아이가 앞으로 자신만의 운을 주도적으로 설계할 수 있도록 튼튼한 기초를 놓아주는 일입니다. 그렇다면 운 코치의 시각에서 다음 두 사례를 어떻게 해석할 수 있을까요?

1. 부모의 욕심으로 막힌 운

어려운 상황 극복하기 / 택수곤 澤水困 (막힌 연못)

네 살 재현이는 평범한 아이였습니다. 부모는 재현이를 "특별한 아이"로 만들고 싶었습니다. 주위에 "요즘은 어릴 때부터 영어가 필수야. 글로벌 인재를 키워야지!"라는 이야기를 듣고 불안해진 재현이 엄마는 높은 비용을 들여 재현이를 유명한 영어 유치원에 보냈습니다. 첫날부터 재현이는 울면서 등원을 거부했습니다. 그러나 엄마는 단호했습니다.

"이게 다 너의 미래를 위해서야. 나중에 커서 엄마한테 고마워할 거야."

매일 아침, 재현이는 불안한 표정으로 엄마의 손을 잡았다가 선생님께 끌려가듯 유치원에 들어갔습니다. 수업 시간에는 집중하지 못했고, 말수가 줄어들었으며, 밥을 먹는 것도 거부했습니다. 밤에는 악몽을 꾸며 자주 울기까지 했습니다.

부모는 자신의 불안과 욕심을 아이의 운에 투사했습니다. 그 결과, 재현이의 운은 아이의 행복과 성장 대신 부모의 욕망을 충족시키는 방향으로 소비되고 있었습니다. 아이는 어릴 적부터 자신에게 주어진 운을 타인의 기준에 맞추느라 쓰고 있었고, 이 운은 스트레스와 불안으로 전환되고 있었습니다.

택수곤 澤水困

택수곤(澤水困)은 '늪에 빠져 곤란한 상황'을 나타냅니다. 위에 연못(택), 아래에 물(水)이 있어 물이 아래로 계속 빠져나가 마르기 직전의 상태를 의미합니다. 이 운은 지나친 욕심이나 무리한 요구로 인해 자신이나 상대가 곤궁한 처지에 놓이는 것을 경고합니다. 재현이의 부모는 아이가 아직 준비되지 않은 상태에서 과도한 기대를 요구했습니다. 이것은 마치 연못에서 무리하게 물을 퍼내어, 결국 연못이 말라버리는 상황과 같습니다. 부모는 아이의 본성과 에너지를 존중하지 않고, 오직 자신의 욕망을 채우기 위해 아이를 밀어붙였습니다. 그 결과 재현이는 자신의 내적 자원이 고갈되어 정서적, 심리적 곤경에 빠지는 안타까운 상황이 되었습니다.

부모가 아이에 대한 지나친 욕심과 성급한 결정을 내려놓아야 재현

이의 근본적인 문제를 해결할 수 있습니다. 즉, 부모는 아이의 본성을 존중하며 여유와 인내로 접근해야 합니다. 그래야만 아이와 부모 모두가 성장할 수 있습니다. 전진하지 못할 때는 위기를 감지하고, 욕심을 버리며 멈추어야 합니다. 아이의 운이 부모로 인해 왜곡될 때 아이는 큰 스트레스를 받게 됩니다.

2. 아이 본성으로 열린 운

본성대로 성장하기 / 풍뢰익 風雷益 (성장하는 나무)

같은 동네, 같은 또래의 은서는 조금 다른 환경에서 자랐습니다. 은서의 부모는 "아이의 진짜 행복이 가장 큰 성공"이라고 믿었습니다. 부모는 은서가 진정으로 무엇을 원하는지 늘 관찰하고 존중했습니다. 처음 은서가 흙과 나무, 돌을 좋아한다는 걸 알았을 때, 부모는 아이를 자연체험 유치원에 보냈습니다. 주변에서 "그런 교육 방식으론 경쟁력 없다"고 걱정했지만, 은서의 부모는 흔들리지 않았습니다. 그런 얘기를 들을 때마다 은서의 부모님은 이렇게 말했습니다.

"은서가 행복하다면, 그것보다 더 큰 경쟁력이 있을까요?"

은서는 매일 숲에서 뛰어놀며 친구들과 함께 자연의 이치를 배우고 느꼈습니다. 유치원을 다녀오면 부모와 함께 자신이 발견한 것들을 이야기하며 밝고 긍정적인 아이로 자랐습니다. 그녀의 운은 아이의 본성을 존중하는 부모의 현명한 선택 덕분에 풍요롭게 꽃피었습니다. 아이의 운을 자신의 욕망 대신 아이 스스로의 행복과 성장에 맞춘 덕분에, 은서는 자신과 세상에 대한 신뢰와 사랑을 배우며 자신만의 잠재력을 키워나갔습니다.

풍뢰익 風雷益

풍뢰익(風雷益)은 '바람과 번개가 만나 서로 힘을 더해 풍성한 성장을 이루는 것'을 의미합니다. 이는 바람(風), 번개(雷)로 구성되어 있어 자연의 조화로운 작용이 서로를 도와 결실을 맺는다는 의미입니다. 상생(相生), 상호 협력을 통해 더 큰 이익과 성장을 이루는 상황을 나타냅니다. 은서의 부모는 아이의 본성에 맞는 환경을 제공하고, 은서가 자연스럽게 자신의 잠재력을 키울 수 있도록 지원했습니다. 이는 바람이 우레를 만나 더욱 힘을 얻고 자연스럽게 성장하는 풍뢰익의 상황과 같습니다. 부모의 올바른 선택 덕분에 아이는 마음껏 자신의 능력을 펼치고 정서적, 정신적 안정 속에서 행복하게 자랐습니다.

부모와 자녀는 서로에게 도움이 되는 선택과 관계가 되어야 합니다. 즉, 부모가 아이의 타고난 성향과 운을 잘 이해하고 존중하며, 아이가 자신의 본성을 자유롭게 발현할 수 있도록 돕는다면, 그 자체로 가장 큰 이익이 된다는 뜻입니다. 상호 신뢰와 조화가 가장 큰 운의 소비 방법이며, 이것이 장기적으로 모든 이에게 풍성한 결실을 가져다준다는 교훈을 줍니다. 서로를 존중하고 협력하면 더 큰 이익과 성장을 이룰 수 있습니다.

8장

10대
'좋아요'에 속지 말고
진짜 기회를 잡아라

10대 시절은 끊임없이 바람이 몰아치고 파도가 높이 치는, 질풍노도의 시기입니다. 한 인간의 운명이 처음으로 형태를 갖추기 시작하는 중요한 순간이지만, 이때의 운명은 아직 단단하지 않아 외부의 압력과 자극에 쉽게 흔들립니다. 특히 오늘날의 10대는 과거 어느 세대보다도 더 어려운 환경에서 성장하고 있습니다. 스마트폰과 SNS가 현실과 뒤섞이면서 디지털 세상 속에서 길을 잃고 혼란스러워합니다. 스스로 생각하고 판단해야 할 시기에, 아이들은 점점 스마트폰을 자신의 뇌처럼 사용하며 사고력과 판단력을 잃어가고 있습니다.

부모와 친구들의 기대, SNS에서 인정받고 싶은 욕망이 뒤섞이며 자기 자신을 잃어가는 아이들이 많아지고 있습니다. 스마트폰이 아이들의 뇌 역할을 대신하면서, 좋아요 숫자나 댓글 수에 따라 행복과 불행이 결정됩니다. 이 현상은 운 코치가 강조하는 '중심'의 중요성과 정면으로 대치됩니다. 운 코치는 자신만의 중심이 굳건해야 운명이 안정적이라고 조언하지만, 스마트폰과 외부 평가에 중독된 10대들은 그 중심을 외부 기기에 맡기고 있습니다.

운 코치는 이런 상태를 '바람 앞의 어린 나무'로 비유합니다. 나무가 아직 충분히 뿌리를 내리지 못했을 때는 작은 바람에도 흔들리고 쓰러지기 쉽습니다. 이때 중요한 것은 뿌리를 내릴 토양을 잘 고르는 것입니다. 친구들의 인정이나 부모의 기대에 따른 삶을 토양으로 선택하면 자신의 진정한 가능성과 무관한 방향으로 성장하게 됩니다. 다음 두 이야기는 단순히 부모나 친구의 기대가 나쁘다는 것이 아닙니다. 부모나 친구의 기대와 인정을 고려하는 것은 자연스러운 일입니다. 문제는 중심이 흔들릴 정도로 타인의 기대에만 매달리는 경우입니다. 부모나 친구의 인정이 필요 없다는 의미가 아니라, 그것이 삶의 중심이 되면 문제가 됩니다. 민수는 부모와 친구 모두에게 인정을 얻으려 했지만, 결국 누구에게도 진심으로 인정받지 못했습니다. 반면 소영이는 부모와 친구들의 기대를 참고하되, 자신의 운명을 위한 중심을 명확히 했기에 결국 모두의 인정을 받을 수 있었습니다. 운 코치의 시각에서 다음 두 사례를 살펴보겠습니다.

1. 남을 위해 소비한 운

관망만 하는 태도 / 풍지관 風地觀 (멀리서 바라보기만 하는 삶)

중학교 2학년 민수는 모든 면에서 완벽해 보이는 아이였습니다. 인스타그램과 틱톡에서 수만 명의 팔로워를 가진 그는 학교에서도 인기가 많았습니다. 부모님은 민수가 인정받고 성공하는 삶을 살기를 간절히 원했습니다. 특히 변호사인 아버지는 어릴 때부터 민수에게 법조인이나 의사가 되는 것이 가장 안정적이고 성공적인 길이라고 강조했습니다.

민수는 공부를 곧잘 했지만, 사실 책상 앞에 앉아 문제를 풀 때면 숨이 막힐 듯 답답함을 느꼈습니다. 민수는 그림을 그리고, 창의적인 영상 편집을 하면서 시간을 보낼 때 가장 행복했습니다. 그는 자신이 좋아하는 일을 SNS에 올릴 때마다 가슴이 뛰었지만, 부모님이 그것을 볼까 두려워 익명 계정으로만 활동했습니다. 본인의 진정한 흥미를 부모님 앞에서 드러내는 건 마치 부모님의 기대를 배신하는 것 같아 죄책감을 느꼈기 때문입니다.

민수의 고민은 여기서 끝나지 않았습니다. 친구들 사이에서 민수는 또 다른 가면을 써야 했습니다. 그의 친구들은 늘 최신 유행을 빠르게 따라가며, 조금 반항적이고 거칠게 행동하는 것을 좋아했습니다. 이 친구들 사이에서 인정을 받기 위해 민수는 일부러 거친 말투를 쓰고, 사실은 흥미가 없는 유행 콘텐츠를 공유하며, 때로는 폭력적인 게임 방송까지 따라했습니다. 관심 없는 유튜버의 행동까지 따라하며 조회수와 좋아요가 늘어날 때마다 민수는 친구들에게 "역시 민수는 우리편"이라는 말을 들었고, 그 순간만큼은 자신이 가치 있는 존재처럼 느껴졌습니다.

하지만 디지털 세상 속에서 반복된 이런 행동은 민수의 마음 깊숙이 스며들었습니다. 밤에 혼자 침대에 누워 휴대폰을 내려놓으면 그는 자신의 존재가 마치 SNS에서 인기를 얻기 위해 만들어진 캐릭터처럼 느껴졌습니다. 민수는 자신이 꼭두각시라는 사실을 점점 명확히 깨닫기 시작했습니다. 부모님의 기대를 만족시키기 위한 성적표와 친구들의 인정을 얻기 위한 SNS 콘텐츠 사이에서 그는 정작 자신이 무엇을 원하는지 점점 더 모르게 되었습니다.

민수는 결국 스마트폰 화면 너머로 보이는 부모의 기대와 친구들의 인정이라는 두 가지의 거대한 압박 속에서 자신의 운을 소비하고 말았습니다. 인스타그램 피드에 올라오는 친구들의 사진과 성공담을 보며, 민수는 점점 초라해지고 불안해졌습니다. 부모님은 민수의 높은 성적에 만족했지만, 정작 민수 자신은 부모의 꿈과 친구들의 기대라는 두개의 가면 속에서 진짜 자신을 잃어버리고 있었습니다.

민수는 디지털 세대인 전형적인 10대입니다. 아침에 눈을 뜨자마자

SNS를 켜고 친구들의 일상을 살펴봅니다. 민수에게 중요한 것은 스스로의 가치나 꿈이 아니라 친구들이 올린 사진과 게시물에서 드러나는 멋진 모습, 친구들 사이에서의 인기, 그리고 부모의 높은 기대였습니다. 그는 친구들이 좋아하는 최신 유행과 밈meme을 따라하고, 때로는 자신의 실제 모습과 다르게 SNS에서 멋지고 반항적인 이미지로 꾸며 인정받으려 했습니다.

겉으로 보기에는 민수는 친구들 사이에서 멋진 아이로 보였고, SNS에서도 인기를 얻었지만, 실제로는 불안하고 초조했습니다. 민수는 매 순간 친구들의 반응과 좋아요 숫자에 따라 자신의 기분과 존재가치를 결정짓고 있었습니다. 민수가 쫓던 운은 마치 바람이 땅 위를 스쳐가듯, 외부 환경에 따라 쉽게 흩어지고 사라져버리는 불안정한 것이었습니다. 결국 민수는 SNS에서의 인정과 부모의 기대를 좇느라 내면의 진정한 가치와 자신감을 잃어버렸습니다. 바람에 휘둘리듯 외부의 시선이나 SNS의 표면적 이미지에 따라 자신을 평가하는 것은 위험합니다. 바람은 잠시 땅 위를 지나갈 뿐 머물지 않습니다. SNS의 표면적인 평가와 타인의 인정은 일시적입니다. 내면의 중심을 찾지 않으면 계속 흔들릴 수밖에 없습니다.

2. 자기 주도로 운을 바꾼 아이

적극적 변화로 문제 해결하기 / 산풍고 山風蠱 (스스로 탈바꿈하는 곤충)

중학교 2학년 소영이는 같은 학교 친구들처럼 인스타그램과 틱톡을 사용했습니다. 하지만 그녀가 사용하는 방식은 달랐습니다. 친구들은 매일 옷차림, 맛있는 음식, 그리고 유행하는 챌린지를 올리며 인기를 얻으려 했지만, 소영이는 자신만의 일상과 생각을 기록하는 용도로 SNS를 활용했습니다. 소영의 부모님은 딸이 공부를 잘해서 좋은 대학에 가고 부자가 될 수 있는 직업을 갖길 바랐습니다. 부모님은 의사나 법조인처럼 확실하고 안정적인 직업을 원했지만, 소영이는 마음속으로는 다른 길을 걷고 있었습니다. 소영이는 어릴 적부터 사회복지사가 되어 장애인이나 어려운 사람들을 돕고 싶었습니다. 이는 우연한 충동이나 이상이 아니라, 어려서부터 장애를 가진 친척 이모를 보며 가슴 깊이 품어온 확실한 꿈이었습니다.

소영이는 학교에서도 조용한 편이었습니다. 그녀가 휴대폰을 사용하거나 SNS를 할 때는 주로 사회복지 관련 다큐멘터리, 유튜브 강의 영상, 그리고 자신이 존경하는 사회복지사들의 인스타그램을 보면서 자기 꿈을 더 구체화하는데 시간을 보냈습니다. 친구들이 유행하는 콘텐츠로 수많은 '좋아요'를 받을 때, 소영이는 조금 외로움을 느끼기도 했습니다. 실제로 한 친구는 소영이에게 "넌 왜 재미없게 사니? 그렇게 해서 좋아요가 몇 개나 되겠어?"라고 빈정대기도 했습니다.

하지만 소영이는 흔들리지 않았습니다. 그녀는 SNS의 '좋아요' 숫자가 자신의 가치를 결정하지 않는다는 사실을 명확히 알았습니다. 그녀는 스마트폰이 단순히 인기를 얻거나 사람들에게 인정받기 위한 도구가 아니라, 자신의 진로와 꿈을 발견하고 발전시키기 위한 도구가 될 수 있다는 것을 깨달았습니다.

소영이는 부모님과의 관계에서도 스마트폰을 지혜롭게 활용했습니다. 그녀는 자신이 보고 느낀 사회복지 관련 콘텐츠를 부모님께 꾸준히 공유했습니다. 처음엔 부모님도 그녀의 선택을 이해하지 못했습니다. 하지만 소영이는 흔들리지 않고, 자신이 왜 이 길을 선택했는지 차분히 설명했습니다. 스마트폰을 통해 찾은 다양한 자료와 정보를 부모님께 보여주며 자신이 정말 진심으로 이 일을 원하는 이유를 전했습니다. 시간이 지나면서 부모님은 소영이의 진심과 열정을 인정하고 이해하게 되었습니다. 부모의 손에 아이의 인생이 잠시 맡겨져 있을 뿐, 결국 그 삶의 주인은 아이라는 점을 명심해야 합니다.

산풍고(山風蠱)는 산이 바람 속에서도 흔들리지 않고 굳건하게 서 있는 모습을 나타냅니다. 이는 어떤 외부적 혼란이나 자극에도 자신의 중심을 흔들림 없이 유지하는 상태입니다. 디지털 시대에 SNS의 유혹과 과시적인 정보가 넘쳐도, 흔들리지 않고 자신만의 중심과 가치를 지키면 혼란을 오히려 기회로 바꿀 수 있음을 의미합니다.

소영이 역시 스마트폰과 SNS 속에서 자란 디지털 세대입니다. 그러나 소영이는 자신만의 목표와 꿈을 뚜렷이 알고 있었습니다. 주변 친구들이 SNS에서 예쁘고 멋진 이미지를 올리고, 좋아요 숫자를 늘리기 위해 무리하게 비싼 브랜드를 소비할 때도, 소영이는 흔들리지 않았습니다. 소영이는 자신이 진정 원하는, 사회복지사라는 명확한 꿈이 있었기 때문입니다. 오히려 소영이는 SNS를 현명하게 활용했습니다. 자신이 관심 있는 사회복지 분야의 유익한 정보를 얻고, 관련된 동아리나 봉사활동에도 참여했습니다. SNS는 소영이에게 유혹이나 스트레스가 아니라 꿈을 이루는 도구로 사용되었습니다.

소영이는 부모의 기대에도 지혜롭게 대응했습니다. 부모가 원하는 의사나 법조인이 되라는 압박에도, SNS에서 얻은 정보와 자신의 진심을 담아 부모에게 사회복지사의 가치와 의미를 차분히 설명했습니다. 결국 부모도 소영이의 꿈을 인정하고 응원하게 되었습니다. 소영이는 흔들리지 않는 산처럼, SNS와 외부의 압박 속에서도 자신의 중심을 굳건히 지키며 진정한 운을 축적했습니다. SNS와 같은 외부 환경은 항상 변화하고 흔들리지만, 자신만의 중심과 꿈을 가진 사람은 마치 산과 같이 견고합니다. 혼란한 세상에서 중심을 지키면 오히려 기회는 더 많아집니다.

1970년대생의 10대와 80년대생의 10대도 달랐습니다. 그런데 어떻게 2010년대생의 10대가 같을 수 있겠습니까? 10대의 운은 원래부터 불안정하고 흔들리기 쉽지만, 오늘날의 10대는 이전 어느 세대와도 비교할 수 없는 강력한 외부 요인에 직면해 있습니다. 디지털 기기의 끊임없는 자극과 SNS에서 끝없이 흘러나오는 타인의 삶은 이들의 내면을 더욱 위태롭게 만듭니다. 지나친 외부의 압력이나 타인의 기대를 허락하면 자아는 유리에 금이 가듯 균열이 생기고, 결국 산산조각 날 수도 있습니다. 그러나 이러한 환경 속에서도 자신의 중심을 잡고 외부의 압력을 견뎌내면, 그 유리는 강철보다도 단단하게 굳어져 자신만의 견고한 운명을 만들어갈 수 있습니다.

이 시기 가장 중요한 것은 부모나 친구, SNS 속 삶의 인정이 아닙니다. 그것은 바로 자신입니다. 당신의 운명을 결정짓는 가장 중요한 소비자는 바로 '나 자신'임을 기억하십시오. 10대의 시기, 외부의 요동치는 자극 속에서도 중심을 놓지 않는 사람만이 자기 자신이 원하는 모습으로 성장할 수 있습니다. 결국 운의 소비자를 외부가 아니라 자신의 내면에서 찾는 사람이 자기 주도적으로 인생을 살아가는 삶의 진짜 주인이 됩니다. 운은 밖에서 오는 것이 아니라 내면에서 창출됩니다. 그 운을 완성해나가는 과정에서 외부의 운과 결합하는 것이지, 그것이 아니라면 내 운은 피어보지도 못하고 그대로 소멸될 수 있음을 명심해야 합니다.

20대

운의 주도권을
타인에게 맡기지 마라

20대는 크게 두 갈래로 나뉩니다. 여전히 학생으로서 캠퍼스를 오가는 인생과, 사회에 첫발을 내디디며 스스로 돈을 벌기 시작하는 직장인의 인생입니다. 그런데 최근에는 여기에 한 가지 길이 더 추가되었습니다. 바로 '창업가'의 길입니다. 과거에는 일정한 나이와 단계를 거쳐야만 사회적 성공과 큰돈을 벌 수 있었습니다. 그러나 지금의 20대는 완전히 달라졌습니다. SNS와 자본주의 시장의 확장으로 누구나 일찍이 큰돈을 벌 기회를 쉽게 얻을 수 있게 된 것입니다. 유튜브나 인스타그램을 통해 수백만 원의 수입을 올리는 학생도, 스마트스토어나 플랫폼 창업으로 월급의 몇 배를 버는 직장인도 더 이상 낯설지 않습니다.

하지만 아이러니하게도, 이런 자유로운 가능성은 20대를 더 혼란스럽게 만듭니다. 친구의 SNS에 뜬 몇백만 원짜리 해외여행, 비트코인으로 번 돈으로 산 명품 가방, 스타트업 성공으로 이룬 사무실. 손 안의 스마트폰은 이 모든 걸 내 방 침대 위에서도 실시간으로 보여줍니다. 자신은 아직 학교에서 전공책을 뒤적이고 있거나, 겨우 월급으로 생활하는데 누군가는 몇 배의 성과를 손쉽게 이룬 듯한 모습은 초라함과 자괴감을 불러일으키기에 충분합니다. 그럼에도 불구하고, 이런 시대를 살아가는 20대가 반드시 기억해야 하는 사실이 있습니다. 운의 소비자를 정확히 설정하지 않으면, 남의 성공만을 좇다가 결국 자신의 운을 낭비할 가능성이 높다는 것입니다.

이제부터 두 명의 20대를 통해, 자신이 아닌 타인의 기대와 외부의 인정만을 좇았을 때의 비참한 결말과, 스스로 중심을 잡고 자신의 운을 제대로 소비했을 때의 성공적인 사례를 보다 생생히 살펴보겠습니다.

1. 타인에게 기대다 놓친 기회

서로 어긋나 기회를 놓침 / 화택규 火澤睽 (불과 물의 충돌)

영준은 좋은 대학에 입학하며 기대 속에 20대를 시작했습니다. 대학에 진학하면 꿈꾸던 자립과 자유가 기다리고 있을 거라 믿었습니다.

하지만 현실은 생각보다 달랐습니다. 대학에 들어간 순간부터 그는 무거운 압박감에 시달렸습니다. SNS에 보이는 동기와 선배들의 성공담, 친구들의 창업과 코인 투자 성공 소식이 그를 자극했습니다. 그는 자신의 진로에 대해 깊이 고민하기보다, 더 빨리 더 많은 돈을 벌어 얼른 인정받고 싶어졌습니다.

영준은 아르바이트로 모은 돈과 학자금을 투자해 코인과 주식에 뛰어들었습니다. 한때는 수익이 꽤 괜찮았고, 자신도 이제 SNS에 화려한 일상을 자랑할 수 있을 거라 생각했습니다. 여자친구에게 줄 선물로 무리해서 명품을 구입했고, SNS에는 마치 여유로운 사업가라도 된 듯 자신의 일상을 꾸며 올렸습니다. 친구들 사이에서 부러움도 받았습니다. 하지만 그런 생활은 오래가지 못했습니다. 코인 시장이 무너지면서 그의 투자는 큰 손실을 입었고, 결국 부모님에게 손을 벌릴 수밖에 없었습니다.

결국 여자친구와의 관계도 악화되었습니다. 처음엔 영준의 화려한 겉모습에 매력을 느꼈던 여자친구는, 시간이 갈수록 그가 진지한 고민 없이 외면만 꾸미고 있었다는 것을 깨닫고 떠나갔습니다. 영준은 SNS에서 보여지는 다른 사람들의 삶을 따라가기 위해 자신의 운을 성급하게 소비했지만, 그 선택의 결과는 고스란히 자신의 책임이 되었습니다. 그는 화려한 모습 뒤에 가려진 자신의 불안과 진짜 꿈을 잊은 채, 외부의 인정만을 좇다가 20대의 많은 시간을 허비했습니다.

하지만 영준의 운명이 여기서 끝난 것은 아닙니다. 그가 겪은 실패는 진정한 자기 자신을 마주할 계기가 되었습니다. 그는 뒤늦게 자신이 무엇을 좋아하고 잘할 수 있는지 고민하기 시작했고, 이제 조금씩 그에게 맞는 삶을 만들어가고 있습니다.

화택규 火澤睽

화택규(火澤睽)는 '불과 연못이 서로 등지고 있는 모습'을 나타냅니다. 불은 위로 타오르고, 연못의 물은 아래로 흐르기에 서로 만날 수 없습니다. 이는 내면의 가치와 외부의 평가가 서로 어긋나 갈등을 겪는 상황을 의미합니다. SNS 속 타인의 화려한 모습과 현실 속 자신의 모습이 계속 충돌하고, 그로 인해 중심을 잃어버린 혼란스러운 상태를 경고하는 운입니다.

영준은 디지털 시대에 흔히 볼 수 있는 20대 청년입니다. 명문대에 들어가고, 대기업에서 일하며, 남들이 부러워하는 연애를 하는 등 'SNS에서 타인에게 인정받는 삶'을 원했습니다. 아침에 눈을 뜨면 스마트폰을 들어 친구들과 선배들이 올린 게시물을 보며 하루를 시작했습니다. 친구들의 높은 연봉과 화려한 해외여행 사진, 유명한 회사에서의 세련된 모습에 그는 끊임없이 초조해했고, 그 모습들을 자신의 현실과 비교했습니다. 영준은 부모님과 친구들에게 인정을 받고자 안정적이고 사회적으로 인정받는 길만을 좇았습니다. 하지만 이는 그의 내면의 진짜 바람과는 계속 멀어졌습니다.

겉으로 보기엔 번듯한 삶을 향해 달리고 있었지만, 그의 내면은 공허했고 실제로 만족감도 없었습니다. 이성 관계에서도 진심보다는 SNS에서 부러움을 사는 대상을 골라 만나며, 외부로부터 좋은 평가를 받는 데만 집착했습니다. 그는 결국 내면의 자기 자신과 외부의 평가라는 두 가지의 서로 다른 방향에서 갈등하며 혼란과 불안을 느꼈습니다. 이는 불과 연못이 서로 등지고 있는 화택규의 상황과 정확히 일치합니다. 불과 물은 서로 만나기 어렵습니다. 하지만 두 가지가 조화를 이루는 지점을 찾을 때 삶은 균형을 찾습니다. 외부의 시선에만 끌려 다니면 결코 내면의 평화를 찾을 수 없습니다. 영준은 SNS를 통해 타인과 끊임없이 비교하고 경쟁하며, 진짜 자신을 잃고 있었습니다. 외부의 인정과 타인의 기대에 휘둘리면 삶의 중심은 흩어지고 맙니다. 내면에서 솟아나는 진정한 가치를 외면하지 마십시오.

2. 스스로 운을 만든 케이스

조금씩 운을 관리하기 / 산지박 山地剝 (조금씩 산을 다듬기)

지원은 고졸로 사회생활을 일찍 시작한 20대입니다. 처음부터 대학 진학을 포기하고 바로 취업한 지원에게 세상은 만만치 않았습니다. 대졸자와의 차별적 대우, 낮은 급여와 불안정한 직장 환경이 그녀를 괴롭혔습니다. SNS에서 보는 동갑내기 친구들은 대학생활의 낭만을 즐기고 있었고, 자신은 남들보다 뒤처지는 건 아닌지 걱정이 많았습니다.

하지만 지원은 그런 비교를 떨치고 자신만의 운을 관리하기로 결심했습니다. 그녀는 지금 당장 화려한 결과를 얻기보다는 꾸준한 자기계발에 집중했습니다. 일을 마친 저녁에는 꾸준히 커피와 베이킹을 배웠고, 쉬는 날엔 창업을 준비하는 사람들과 소통하며 현실적인 조언을 얻었습니다. 자신의 월급을 함부로 소비하지 않고, 저축을 꾸준히 해나가며 신중하게 자신의 운을 사용했습니다.

20대 초반, 지원에게도 이성 문제가 있었습니다. 좋아하던 남자친구는 그녀와 달리 단기적인 화려한 성공을 꿈꾸며 빠르게 성공하지 못하는 그녀를 답답해했습니다. 결국 헤어지고 말았지만, 지원은 그 상처를 운이 나쁜 탓으로 돌리지 않았습니다. 오히려 자기 자신을 돌아보는 계기로 삼았습니다. "지금 내 곁에 있는 사람이 진정 나를 위한 사람인지, 나의 삶과 가치를 진심으로 존중한다고 확신하는지" 스스로에게 질문을 던졌습니다.

몇 년 후, 지원은 작은 카페를 열었습니다. 초반엔 순조롭지 않았습니다. 손님이 많지 않았고, 가끔은 '내가 잘못된 선택을 했나?' 싶은 순간도 있었습니다. 하지만 그녀는 지금까지의 경험과 노력을 믿고 천천히 자신만의 브랜드를 만들어갔습니다. 그녀가 SNS에 올린 사진은 화려한 일상이 아니라 그녀의 작은 카페에서 손님들과 나누는 소소한 이야기와 디저트 사진이었습니다. 이 모습에 끌린 새로운 남자친구와의 관계는 이전과 달리 성숙하고 안정적이었습니다. 상대를 존중하며 서로의 운을 격려하는 진정한 관계가 되었습니다.

지원의 운 관리 방식은 화려하지 않았지만 깊이가 있었습니다. 그녀는 남의 운을 따라가지 않고, 작은 실패에도 크게 흔들리지 않으며, 차분히 자신의 길을 만들었습니다. 그렇게 그녀는 스스로 선택한 삶에 만족했고, 자신의 선택에 대해 진심으로 책임질 수 있었습니다.

산지박 山地剝

산지박(山地剝)은 산 아래 땅이 점차 깎여져 나가는 형상을 나타냅니다. 이는 외부의 상황이 불리하거나 자원이 부족한 상태에서도 흔들리지 않고 내면의 중심을 굳건히 지켜야 하는 상황을 의미합니다. 어려운 환경일수록 중심을 확고히 지키고 내적 가치를 유지하면 결국 튼튼한 기초가 마련되어 성공할 수 있음을 강조합니다.

지원은 고등학교 졸업 후 대학 진학을 포기하고 일찍 사회생활을 시작한 20대였습니다. 그녀의 선택은 주변의 기대와는 달랐습니다. 부모님은 물론 친구들도 그녀의 선택을 걱정스러워했고, "대학도 안 나오고 성공하겠냐"고 의심의 눈초리를 보냈습니다. SNS 속 동창들의 캠퍼스 라이프, 해외여행, 유명 기업 인턴십 같은 화려한 삶을 볼 때마다 스스로 초라하게 느껴지기도 했습니다. 하지만 지원은 스스로를 의심하거나 흔들리지 않았습니다. 그녀는 자신이 선택한 길을 명확히 인지했고, 자신이 좋아하는 분야에서 기술을 익히고 경험을 쌓으며 차근차

근 기반을 마련했습니다. 처음에는 주변에서 인정받기 힘들었고, 남자 친구와의 관계에서도 대학에 가지 않은 자신의 처지를 부끄러워할 때도 있었지만, 시간이 지날수록 지원의 노력과 진심을 알아주는 사람들이 늘어났습니다.

어떤 상황에서도 지원은 중심을 잃지 않았습니다. 외부의 평가나 표면적 비교에 흔들리지 않고, 자신이 가진 가능성을 믿고 꾸준히 내적 역량을 다졌습니다. 그 결과, 비록 남들보다 느리게 출발했지만 탄탄한 전문성을 바탕으로 자신의 사업을 시작할 수 있었습니다. SNS상에서는 비록 화려하지 않았지만, 현실의 삶에서는 진정한 내적 성취와 자존감을 얻었습니다.

이는 산지박의 운과 정확히 일치합니다. 어려운 상황에서 주변의 평가와 시선은 마치 산 아래 땅이 깎여져 나가듯 그녀의 마음을 흔들었습니다. 하지만 지원은 그럴수록 자신의 내면을 더욱 견고히 다졌고, 그렇게 흔들림 없이 지켜낸 중심이 결국 그녀를 성공으로 이끌었습니다. 주변이 나를 깎아내리는 상황일수록 내면의 중심을 지켜야 합니다. 자신의 본질과 가치를 잃지 않으면 결국 새로운 운의 기초가 마련됩니다. 지원의 이야기는 환경과 조건이 불리할수록 더욱 내면의 중심을 잡고 버텨야 한다는 삶의 지혜를 잘 보여줍니다. 외부의 평가와 SNS 속 남들의 모습에 휘둘리지 않고 자신의 중심을 확고히 했을 때, 운은 결국 지원에게 새로운 길과 기회를 선물한 것입니다.

결국 영준이와 지원이의 차이는 삶의 중심을 어디에 두느냐의 차이였습니다. 영준이는 외부의 인정과 평가를 중심으로 삼았습니다. 그는 친구들의 눈치를 보고, 부모의 기대에 자신을 맞추면서 자신의 진정한 운을 소진하고 말았습니다. 표면적인 인정과 주변의 평가에 의존한 탓에, 영준이는 결국 자신의 진정한 가능성을 찾지 못하고 내면이 텅 빈 채 겉으로만 번지르르한 삶을 살게 되었습니다. 반면, 지원이는 주변의 의견과 평가를 신중히 참고하되, 최종적인 선택과 책임을 온전히 자신이 짊어졌습니다. 지원이는 대학 진학을 포기하고 일찍부터 사회생활을 시작하는 어려운 길을 선택했습니다. 그녀도 남들처럼 SNS를 보고 초라함을 느끼거나 비교를 통해 자신을 의심하는 순간이 있었습니다. 하지만 지원이는 그럴 때마다 자기 내면의 중심을 다시 확인했고, 작은 기회를 하나씩 붙잡아 차근차근 기반을 닦아갔습니다. 결국 지원이는 어려운 환경에서도 자신만의 견고한 운명을 만들어낼 수 있었습니다.

운을 소비하는 가장 중요한 소비자는 결국 '나 자신'이며, 이는 성인이 된 20대에게 더욱 명확히 적용됩니다. 특히 2025년의 20대에게 중요한 것은 외부 환경의 부정적인 요소들에 흔들리지 않고, 자신만의 중심을 세우는 것입니다. 외부 환경은 결코 완벽할 수 없습니다. 지금처럼 불안하고 암울한 시기에도 자신의 운을 제대로 관리할 줄 아는 사람만이 결국 성공과 행복을 얻을 수 있습니다. 기억하십시오. 역사 속 위대한 성취는 항상 가장 어려운 시기에 중심을 잡고 운을 제대로 관리했던 이들의 몫이었습니다. 2025년의 20대 역시 마찬가지입니다. 외부의 평가와 불안정한 환경을 넘어, 자신의 내면을 굳건히 다지고 자신의 운명을 자기 손으로 만들어 갈 때, 지금 상상할 수 없는 더 나은 미래를 창조하게 될 것입니다.

작가의 한 줄 노트

   2025년의 20대는 가장 위험한 시기입니다. 사회적으로는 온통 부정적인 요소들 투성입니다. 인터넷과 언론은 끊임없이 위기와 불안을 이야기하고, 그 속에서 살아가는 20대는 마치 세상이 곧 끝날 것만 같은 절망감을 느낍니다. 집값은 끝없이 오르고, 일자리는 불안하며, 미래를 계획하는 것조차 두려워질 정도입니다. 그러나 이럴 때일수록 역사의 지혜를 빌려 중심을 찾아야 합니다. 지금으로부터 75년 전, 대한민국은 전쟁으로 인해 완전히 폐허가 되었습니다. 당시에는 지금의 대한민국을 상상할 수조차 없었습니다. 많은 사람들이 불가능하다고 말했고, 희망은 사라진 듯 보였습니다. 하지만 그때에도 자신의 운명을 포기하지 않고 묵묵히 운을 관리했던 우리의 할아버지, 할머니, 아버지, 어머니 세대가 있었습니다. 그들은 외부 환경과 조건에 휘둘리지 않고, 중심을 잡으며 작은 기회를 놓치지 않고 꾸준히 노력했습니다. 그리고 오늘날 세계가 놀라는 번영과 기적의 대한민국을 만들어냈습니다.

10장

30대

좋은 배우자와 나쁜 배우자, 운명의 갈림길

저는 30대의 끝자락인 서른아홉 살, 2015년 11월 26일에 지금의 배우자를 만났습니다. 그날의 만남은 제 인생을 송두리째 바꿔놓았습니다. 흔히 말하는 운명의 변곡점이었습니다. 그때까지 저는 양평의 전원주택에서 글을 쓰고 대학에서 강의를 하며 조용히 살아가던 작가였습니다. 제 삶은 안정적이었고 만족스러웠지만, 더 큰 야망도 없었고 특별한 변화도 기대하지 않았습니다. 오죽하면 꿈이 방안에서 아무것도 안하고 책과 영화를 볼 수만 있다면 최고의 인생이라고 생각할 정도였습니다. 저는 그저 글을 쓰고 영화를 말하며 사람들과 소소하게 교류하는 것이 좋았던 평범한 사람이었습니다.

그러나 배우자와의 만남 이후, 제 삶의 모든 것이 달라졌습니다. 안정적이고 소박했던 저의 운명은 급격히 새로운 방향으로 흘러가기 시작했습니다. 제가 작가의 길을 넘어 본격적인 사업가로 발을 들이게 된 것도 그녀와의 만남 덕분이었습니다. 그녀의 운과 저의 운이 만나 새로운 에너지를 만들어냈고, 그것이 제 삶 전체를 변화시키는 원동력이 되었습니다.

특히 금전적 운명의 변화는 극적이었습니다. 저는 양평의 조용한 전원생활을 뒤로 하고 2025년 4월, 대한민국에서 가장 높은 곳, 부자들의 돈 기운으로 가득한 곳에 터를 잡게 되었습니다. 이곳의 라운지에서 자타가 성공했다고 하는 사람들을 이웃으로 지나치게 되었습니다.

제 인생에 그런 극적인 변화가 일어나리라고는 배우자를 만나기 전의 일상에서는 단 한 번도 상상하지 못했습니다. 하지만 배우자를 통해 들어온 사람들과의 인연, 사업적 기회들, 그리고 그와 함께 찾아온 강력한 금전적 운의 흐름 덕분에 제 삶은 완전히 다른 차원으로 바뀌었습니다. 새로운 사람들과의 만남을 통해 더 넓은 세상을 보게 되었고, 그 속에서 저는 새로운 정체성, 즉 작가에서 사업가로서의 정체성을 만들어갔습니다. 이것은 외부의 운이 내면의 운을 깨운 전형적인 사례입니다.

그러나 배우자와의 결합은 단순히 두 사람의 운만 결합하는 것으로 끝나지 않았습니다. 그녀가 가진 운의 소비자들, 그녀의 가족과 친구들, 그녀와 연결된 수많은 사람들이 저의 운과 얽히며 더 크고 복잡한 운명의 지도를 만들어냈습니다. 배우자를 만나고 운이 변했다는 것은 단지 비유가 아닙니다. 그것은 실제로 제가 누구를 만나고, 어디서 살며, 무엇을 하고 살아가는지에 대한 구체적인 변화였고, 이 모든 변화가 저의 새로운 운명을 만들었습니다. 결국 30대의 마지막에서 만난 배우자는 제 운명의 소비 구조 자체를 바꾼 핵심적인 인물이었습니다. 인생의 중간 지점에서 만난 그녀는 제 운이 누구에게 소비되어야 하고, 어떻게 관리되어야 하는지를 명확하게 보여주었습니다. 제가 누구와 함께 하느냐에 따라 제 운명은 극적으로 달라질 수 있습니다.

30대를 살아가는 당신도 기억해야 합니다. 당신이 배우자로 선택하는 사람은 단순히 삶의 동반자가 아닙니다. 그 사람은 당신의 운명을 완전히 뒤바꿀 수 있는 존재입니다. 배우자를 통해 들어오는 운은 당신이 지금까지 살아온 방식을 근본적으로 바꾸어 놓을 수도 있습니다. 그리고 그 운의 소비자들은 더 이상 당신 혼자만이 아니라는 점을 명심해야 합니다. 당신과 배우자, 그리고 그 너머의 사람들까지, 이제 당신의 운은 보다 복잡하고 풍성한 소비자들의 관계망 속에서 움직이게 될 것입니다.

  30대의 결혼은 단순히 배우자 한 사람을 만나는 일이 아닙니다. 그것은 새로운 운명의 흐름에 발을 담그는 일이며, 때로는 부모로부터 이어져 오던 운명의 강줄기를 완전히 다른 방향으로 틀어버리는 일이기도 합니다. 그렇기에 배우자와의 만남은 인생에서 가장 강력한 운의 소용돌이에 빠져드는 순간일 수 있습니다. 부모에게서 흘러내려온 운은 마치 강물과 같습니다. 잔잔히 흘러가던 부모의 행운을 그대로 물려받기도 하고, 때론 부모의 악운을 그대로 이어받아 아무리 발버둥쳐도 벗어나기 힘든 경우도 있습니다.

  하지만 30대에 배우자를 만나는 순간 이 흐름은 급격한 변화를 맞습니다. 부모에게서 이어져 오던 행운의 강이 순식간에 막히고, 낯설고 강력한 새로운 흐름이 시작될 수 있습니다. 반대로, 부모로부터 내려오는 불행의 강물이 배우자의 운과 만나 완전히 방향을 틀어 쾌속 질주를 시작하는 경우도 있습니다. 30대에 맞는 배우자는 그저 감정적인 사랑의 대상만이 아니라, 평생 함께할 '운명의 파트너'입니다. 따라서 어떤 운을 가진 사람과 연결되느냐에 따라 당신의 인생은 극과 극으로 나뉠 수 있습니다. 한 번의 결혼으로 평범했던 인생이 믿을 수 없을 만큼 화려하고 성공적으로 바뀌는 사례가 있는가 하면, 오히려 악운이 강력히 밀려들어 인생의 중심이 흔들리고 좌절의 수렁에 빠지는 경우도 많습니다.

여기서 가장 중요한 것은 당신이 가진 운을 스스로 관리하고 다듬어야 한다는 점입니다. 운은 혼자 있을 때보다 누군가와 만났을 때 더 강력한 힘을 발휘하는데, 이때 좋은 운과 나쁜 운은 마치 자석처럼 서로를 끌어당기기도 합니다. 즉, 당신이 어떤 상태로 있느냐에 따라 어떤 배우자를 끌어당길지가 결정됩니다. 아무리 세상이 바뀌고 SNS를 통해 억만장자나 재벌 2세들의 삶이 가깝게 보인다 해도, 갑자기 재벌집 아들이나 딸이 당신에게 첫눈에 반해 결혼하자고 찾아오는 일은 없을 것입니다. 운은 그렇게 막연하고 극적인 드라마가 아닙니다. 오히려 운은 그동안 당신이 살아온 삶의 선택, 태도, 사고방식이 누적되어 나타나는 현실의 결과물입니다.

배우자를 얻고자 하는 30대라면, 자신의 운부터 세심히 관리하고 가꾸어야 합니다. 스스로가 매력적이고 안정적이며 책임감 있는 사람이 되어야만, 비슷한 파동을 가진 좋은 운을 끌어당길 수 있습니다. 급하게 서두르며 맞지 않는 운명을 가진 상대를 선택하면 그 부정적 효과는 몇 배로 증폭될 수 있습니다. 배우자의 운과 자신의 운이 만나 만들어지는 거대한 소용돌이는 혼자서 다루는 운보다 훨씬 강력합니다. 그렇기에 나쁜 선택은 개인의 삶뿐 아니라 부모, 형제, 자녀의 운명까지 함께 무너뜨릴 수 있습니다. 그러나 신중하고 현명한 선택을 한다면, 배우자와의 만남은 부모의 운을 뛰어넘어 더 크고 강력한 성공과 행복의 흐름을 만들 수 있습니다. 지금 당신 앞에 놓인 배우자의 운과 자신의 운이 만나 만들어낼 인생의 새로운 물줄기를 진지하게 바라보십시오. 부모로부터 내려온 좋은 흐름을 잘 활용하고, 좋지 않은 흐름이라면 이제 과감히 단절해야 합니다. 그 운명의 흐름을 당신 스스로 다스리고 관리할 때, 진정한 인생의 전환점을 맞을 것입니다.

1. 내면의 운을 깨운 배우자

안정된 삶의 기반 만들기 / 지천태 地天泰 (하늘과 땅의 조화)

수진은 부모님으로부터 물려받은 전형적인 삶의 틀 속에서 살았습니다. 대학을 졸업하고 중소기업에 입사한 뒤로는 월급날만 기다리며 큰 고민 없이 직장인의 삶을 반복했습니다. 부모님은 평범한 중산층으로, 안정된 회사에서 꾸준히 월급 받는 삶을 최고의 가치로 여기셨습니다. 수진도 그 삶의 방식에 익숙해져 있었고, 때로는 그 삶이 편안하기도 했습니다.

하지만 34세에 회사 동료의 소개로 민석을 만나면서부터, 그녀의 안정적인 삶에 균열이 생기기 시작했습니다. 민석은 수진과 달리 끊임없이 변화를 추구하고 도전적인 사람이었습니다. 그는 대학 시절부터 각종 창업 공모전에 도전했고, 여러 번의 실패 끝에 결국 IT 스타트업을 창업해 운영 중이었습니다. 민석의 회사는 대단한 성공을 거두고 있던 건 아니었지만, 그의 주변은 늘 에너지로 가득했고 희망과 자신감이 넘쳤습니다. 수진은 처음 민석을 만났을 때, 자신과 너무 다른 그의 모습에 호기심과 동시에 불안함도 느꼈습니다. 민석은 데이트 중에도 새로운 비즈니스 아이디어를 끊임없이 이야기했고, "지금 회사에서 그냥 저냥 살아가는 것이 정말 네가 원하는 삶이야?"라며 수진의 마음을 계속해서 흔들었습니다. 수진은 민석과 대화를 나눌 때마다 편안한 안정감 대신 묘한 불편함을 느꼈습니다. 그녀는 익숙한 삶에 안주하고 싶었지만, 민석의 질문은 수진이 깊숙이 묻어두었던 꿈과 욕망을 건드렸습니다.

수진은 결국 민석과 결혼을 결심했습니다. 결혼 전 부모님께 민석을 소개하자 부모님은 크게 반대했습니다. 민석이 가진 것이라고는 불확실한 스타트업 하나뿐이었고, 안정된 삶을 최고의 가치로 여기는 부모님 눈에는 위험한 남자일 뿐이었습니다. 수진과 부모님의 관계는 민석과의 결혼 문제로 인해 일시적으로 멀어지기도 했습니다.

수진은 결혼 후에도 한동안은 직장 생활을 유지하며 안정을 찾으려

했지만, 민석과 생활하는 동안 점점 스스로의 삶에 의문을 가지게 되었습니다. 어느 날 민석은 자신감 넘치는 표정으로 이렇게 말했습니다. "운이라는 건 사실 네가 만들어 가는 거야. 가만히 있는다고 갑자기 너에게 큰 행운이 찾아오지 않아. 변화를 두려워하면 결국 너의 삶은 부모님이 살던 삶의 반복일 뿐이야." 수진은 이 말을 듣고 큰 충격을 받았습니다. 부모님의 운과 자신이 원하는 운은 다를 수 있음을 처음 깨닫게 된 순간이었습니다. 결국 그녀는 직장을 그만두고 민석과 함께 사업에 뛰어들었습니다. 처음에는 기대했던 것과 달리 쉽지 않았습니다. 고객 확보도 어려웠고, 자금 압박도 심했습니다. 부모님의 걱정 어린 목소리는 여전히 귓가를 맴돌았습니다. 그러나 수진은 민석과 함께하면서 점차 강한 자신감을 키워갔습니다. 민석의 운명과 그녀의 운명이 하나로 섞이며, 새로운 삶의 흐름이 생겨났습니다.

3년간의 시행착오 끝에 두 사람의 사업은 안정적인 수익을 내기 시작했습니다. 이후로는 빠르게 성장했습니다. 두 사람의 에너지와 운이 결합되자 새로운 기회들이 잇따라 찾아왔고, 수진의 삶은 부모로부터 받은 운과는 전혀 다른 새로운 운의 흐름으로 채워졌습니다. 어느새 민석과 수진은 이전에는 상상도 못 했던 경제적 풍요와 내적 성취감을 맛보게 되었습니다. 더욱 놀라운 것은 사업이 성공한 뒤, 수진과 부모님의 관계 또한 자연스럽게 회복되었다는 점입니다. 부모님 역시 딸의 선택을 인정하며 이제는 두 사람을 적극 지지했습니다. 민석과의 결혼은 부모로부터 내려오던 평범한 운의 흐름에서 완전히 벗어나, 수진의 삶을 더 크고 다채로운 흐름 속으로 밀어 넣은 결정적인 전환점이었습니다. 수진의 이야기는 배우자를 만나 형성되는 새로운 운의 흐름이 얼마나 강력하게 삶 전체를 바꿀 수 있는지, 그리고 그 과정에서 중심을 잃지 않고 자신의 선택과 책임을 끝까지 붙잡아야만 진정한 성공과 행복에 도달할 수 있음을 보여줍니다.

지천태 地天泰

지천태(地天泰)는 하늘(天)과 땅(地)이 완벽하게 조화를 이루어 평온하고 순조로운 흐름이 형성되는 상태를 뜻합니다. 서로 다른 두 힘이 만나 균형을 이루고 서로의 장점을 보완하면서 더 크고 강력한 운의 흐름을 만들어낸다는 의미를 가집니다.

수진은 평생 부모님이 만들어준 삶의 틀 안에서 살아왔습니다. 수진은 민석과 교제를 시작하면서 큰 갈등을 겪었습니다. 부모님은 민석과의 만남을 강하게 반대했습니다. 그들은 수진이 익숙한 운의 흐름을 포기하고 불확실한 길로 들어가는 것을 두려워했습니다. 부모님의 우려에도 불구하고, 수진은 결혼을 결심했습니다. 이 결정으로 인해 부모님과의 관계는 심각하게 훼손되었고, 가정 내 갈등은 상당했습니다.

수진의 결혼은 부모로부터 이어져 오던 평범하고 안정적인 운의 흐름과의 단절을 의미했습니다. 수진은 결혼 이후, 그동안 몰랐던 자신의 잠재력을 발견했고, 외부 환경과 부모의 기대가 아닌 내면의 중심을 따르는 법을 배웠습니다. 두 사람의 협력은 예상치 못한 강력한 시너지를 낳았습니다. 서로 다른 강점과 약점을 보완하며, 운의 흐름이 점차 상승하기 시작했습니다. 사업은 초기에 어려움을 겪었지만, 3년 후부터는 빠른 성장세를 보였고 경제적 안정을 넘어 큰 성공을 이루었습니다. 예상치 못했던 민석과의 결합은 수진에게 단지 부를 가져다준 것뿐 아니라 내면의 진정한 행복과 자신감까지 선물했습니다. 부모님과의 관계 역시 사업이 성공하면서 회복되기 시작했습니다. 부모님은 자신들의 생각과 달리 딸이 스스로 만들어낸 운의 흐름이 더 강력하고 안정적이라는 사실을 인정했습니다. 수진의 결혼은 단순히 배우자와의 결합을 넘어서서 삶 전체의 중심을 바꾸는 계기가 되었고, 부모로부터 내려오던 운과 완전히 다른 자신만의 새로운 운의 흐름을 만들어 냈습니다.

이것이 바로 지천태가 상징하는 완벽한 조화와 균형입니다. 서로 다른 두 사람이 만나 자신의 중심을 잃지 않고 조화를 이루면, 훨씬 더 강력한 운의 흐름을 창조할 수 있습니다. 부모의 운으로만 살아가는 삶은 편안할 수 있지만 결코 강력하지 않습니다. 수진은 민석과 만나면서 서로를 통해 강력한 내면의 운을 이끌어냈고, 그 결과 부모의 기대를 넘어서는 큰 성공을 거두게 되었습니다. 하늘과 땅이 서로 만나 완벽한 균형을 이룰 때, 인생의 가장 큰 성공과 행복을 맞이합니다. 운명의 전환은 결국 자신이 결정한 작은 움직임에서 시작됩니다. 외부의 기대에 맞추는 삶은 일시적 안정은 줄 수 있지만 진정한 성장과 성취를 줄 수는 없습니다. 자신의 내면을 따를 때, 진정한 운명의 꽃을 피울 수 있습니다.

2. 운을 망친 잘못된 만남

장애물 극복하기 / 수산건 水山蹇 (물이 산을 만나 막힌 상황)

지훈은 30대 초반까지 비교적 순탄한 삶을 살았습니다. 안정적인 중견기업에서 영업팀장으로 승진했고, 직장에서의 평판도 좋았습니다. 부모님의 가정환경 역시 화목했으며, 부모로부터 성실함과 근면함을 배웠습니다. 지훈은 평생 특별히 큰 욕심 없이 주변 사람들과 어울리며 평범하지만 안정된 삶을 꿈꿨습니다.

그러던 지훈은 33세에 소개팅을 통해 다영을 만나게 되었습니다. 다영은 밝고 활달한 성격에 사교적이고 화려한 매력을 지닌 여성이었습니다. 지훈은 그녀의 매력에 이끌렸고, 연애 초반부터 깊이 빠져들었습니다. 다영과 함께라면 평범했던 자신의 삶도 더 화려하고 특별해질 수 있을 거라 기대했습니다. 그러나 결혼을 결심하고 본격적으로 만남을 이어가면서부터 예상치 못한 상황이 펼쳐졌습니다. 다영은 가족 간의 관계가 복잡했습니다. 아버지는 오랫동안 사업을 했지만 여러 번 실패를 겪었고, 그 결과 빚이 적지 않았습니다. 형제들과의 관계 역시 좋지 않아 다영은 가족 문제로 늘 스트레스를 받았습니다. 하지만 연애 시절에는 다영이 가족 문제를 철저히 숨겼기에, 지훈은 결혼을 결심할 때까지 이 문제의 심각성을 제대로 인식하지 못했습니다.

결혼식이 끝나고 얼마 지나지 않아, 다영의 아버지가 급히 지훈을 찾아왔습니다. 그는 "급한 자금이 필요하다"며 도움을 요청했습니다. 지훈은 아내의 가족 문제를 외면할 수 없었고, 자신의 적금을 깨서 지원을 해주었습니다. 그러나 이것은 시작에 불과했습니다. 다영의 가족들은 끊임없이 지훈에게 경제적 도움을 요구했고, 지훈의 부모님은 이런 상황을 알게 되자 크게 실망했습니다. 그 결과, 부모님과의 관계도 서서히 멀어지기 시작했습니다. 지훈의 안정적이었던 삶은 점점 흔들리기 시작했습니다. 경제적인 부담이 커지자 직장에서도 점점 초조함과 불안감을 느끼기 시작했고, 업무 능력마저 저하되었습니다. 상사들은 지훈이 "예전 같지 않다"고 평가했고, 직장 내에서의 평가도 떨어졌습니다.

지훈은 자신이 원하는 안정된 삶과는 전혀 다른 방향으로 흘러가고 있음을 깨달았습니다. 주변에서는 이혼을 권했습니다. 하지만, 지훈은 자신이 한 선택이 단순히 이런 문제로 인해 번복된다는 것이 쉽게 납득이 안 됐습니다.

하지만 지훈은 배우자와의 결합이 자신에게 미친 부정적인 영향을 전적으로 다영의 탓으로 돌릴 수만은 없었습니다. 결국 그 운을 받아들이고 감당하는 것은 자신의 몫이었습니다. 그는 결혼 전, 다영의 외적 매력에만 집중하고 배우자의 환경과 운에 대한 깊은 고민 없이 선불리 결합한 자신을 탓했습니다. 지훈은 상황을 개선하기 위해 배우자와 진지한 대화를 시도했습니다. 다영은 가족과의 관계를 잘라낼 수 없다고 강경하게 반응했습니다. 이 과정에서 두 사람 사이에는 큰 갈등과 감정적 상처가 생겼습니다.

지훈은 깊은 고민 끝에 결국 결정을 내렸습니다. 그는 아내와 함께 전문 상담을 받으며 부부관계를 회복하고 가족 문제를 일정 부분 단절하는 선을 명확히 정했습니다. 또한 직장과 개인의 삶 사이에 다시 균형을 잡기 위해 스스로의 운을 독립적으로 관리하기로 마음먹었습니다. 악운에 휘말린다 해도 자신의 운을 적극적으로 관리해서 원하는 미래를 얻은 지훈의 사례는 배우자 선택이 개인의 삶에 미치는 운의 영향을 잘 보여줍니다. 배우자의 운과 자신의 운이 결합할 때는 자신의 선택에 따른 책임과 각오가 필요합니다. 잘못된 결합은 일시적이든 장기적이든 운의 흐름을 방해할 수 있지만, 동시에 위기를 통해 더 단단한 운의 중심을 재정비할 기회를 얻기도 합니다. 결국 지훈이 얻은 교훈은 명확했습니다. 자신의 운을 배우자의 운과 결합시킬 때는, 반드시 신중하게 그 사람의 배경과 환경을 이해하고, 운을 잘 관리하고 책임질 수 있는 중심을 잃지 않아야 한다는 것입니다. 배우자와의 결합은 단순한 개인의 만남이 아니라, 삶 전체를 뒤흔들 수 있는 거대한 운명의 융합이기 때문입니다.

수산건 水山蹇

수산건(水山蹇)은 '산이 앞을 막고 물이 흐르지 못해 어려움이 생긴 상태'를 뜻합니다. 이는 인생에서 예상치 못한 장애물과 난관이 앞길을 막는 상황을 상징합니다. 배우자와 결합하여 새로운 운의 흐름을 형성할 때, 상대의 환경과 배경을 제대로 살피지 않으면 자신의 원래 흐름이 막혀 어려움을 겪을 수 있음을 경고합니다.

지훈은 안정적이고 순탄한 인생을 살아왔습니다. 중견기업의 영업팀장으로서 직장 내 평판도 좋았고, 성실한 가정교육을 받은 덕분에 특별한 굴곡 없이 인생을 설계해왔습니다. 이러한 안정적인 운의 흐름 속에서 지훈은 33세에 소개팅을 통해 다영을 만나게 되었습니다. 밝고 화려한 매력을 가진 다영에게 지훈은 깊이 끌렸습니다. 그녀의 매력은 지훈의 안정적이지만 다소 단조로운 삶에 색다른 자극과 변화를 약속하는 듯했습니다.

그러나 두 사람의 만남은 지훈이 기대한 새로운 행복이 아닌, 복잡한 가족 관계와 경제적 부담이라는 예상치 못한 악운의 흐름을 불러들였습니다. 결혼 초반부터 드러난 다영 가족의 경제적 문제는 지훈의 삶을 급격히 흔들기 시작했습니다. 지훈은 배우자의 가족을 돕기 위해 경제적으로 무리하게 되었고, 이는 직장생활과 부모와의 관계까지 위태롭게 했습니다. 지금까지 안정적으로 관리되었던 지훈의 운은 다영과 결합하면서, 그녀와 그녀 가족의 운까지 함께 짊어져야 하는 무거운 짐과 같은 굴레가 되었습니다.

지훈의 실수는 결혼을 결정할 때 다영의 화려한 외면과 매력적인 성격에만 집중한 나머지, 그녀가 가지고 있는 복잡한 가족 관계와 경제적 어려움을 충분히 고려하지 않았다는 점입니다. 즉, 상대방의 외적인 운(외모, 성격, 직업적 성취)뿐 아니라 그 사람이 가진 내면적·환경적 운(가정환경, 가족관계, 금전적 습관 등)까지 살펴봐야 했지만 그러지 못했습니다. 이 상황에서 지훈이 직면한 현실은 수산건의 운 그대로였습니다. 앞길에 산이 막혀 물이 흐르지 못하듯, 배우자의 가정환경이라는 커다란 산이 그의 원래 인생 흐름을 막았습니다.

그러나 운 코치는 이런 상황에서도 중심을 잃지 말고 신중히 대응하라고 조언합니다. 지훈은 상황을 받아들이고 책임감을 가지고 적극적으로 해결 방법을 찾았습니다. 전문 상담과 명확한 경계 설정을 통해 배우자의 가족 문제를 일정 부분 통제하고, 자신의 직장생활과 개인적 안정을 다시 확보하려 노력했습니다. 악운에 휘말렸지만, 그 안에서도 자신이 관리할 수 있는 영역을 찾아 중심을 되찾으려 한 것입니다.

결국 지훈은 배우자의 선택과 결합에서 중요한 교훈을 얻었습니다. 배우자의 운이 반드시 본인의 운과 긴밀히 연결되어 있다는 사실과, 결혼과 같은 중요한 결정을 내릴 때는 외적 매력뿐 아니라 상대방이 가진 전반적인 환경과 운의 흐름까지 면밀히 고려해야 한다는 점입니다.

앞길이 막혀 흐름이 멈추었을 때는 당황하지 말고, 멈춰 서서 무엇이 장애물인지 차분히 살펴야 합니다. 상대방의 겉모습이나 순간적 감정에만 빠져 결정을 내린다면 결국 더 큰 난관을 만나게 될 것입니다. 그러나 중심을 지키고 차분히 상황을 판단하면, 어려움 속에서도 새로운 길이 열릴 수 있습니다. 지훈의 사례는 악운을 가져온 배우자와의 결합을 피할 수는 없었지만, 이를 통해 자신의 삶을 다시 점검하고 재정비할 수 있는 기회로 삼았습니다. 이것이 바로 운 코치가 말하는 "막힌 물길 속에서도 새로운 길을 찾는 운의 관리법"입니다.

3. 비혼으로 운을 관리한 사례

독립적이고 자율적인 삶 / 수풍정 水風井 (흐르는 우물처럼 자유롭게)

옥순은 대학을 졸업한 뒤 대기업 마케팅팀에서 능력을 인정받으며 빠르게 성장했습니다. 업무 능력뿐 아니라 뛰어난 외모와 밝은 성격으로 사람들과의 관계도 원만했습니다. 하지만 30대 중반에 들어서자 주변에서는 옥순에게 결혼을 재촉했고, 가족들도 노골적으로 압박하기 시작했습니다.

옥순은 결혼을 고민하기는 했지만, 주변 친구들의 결혼 생활을 보며 결혼이 꼭 행복을 보장하지 않는다는 현실을 명확히 인식했습니다. 몇몇 친구들은 결혼 후 경제적 문제, 배우자와의 갈등, 육아 스트레스로 오히려 불행해 보였습니다. 옥순은 고민 끝에 결혼 대신 독신의 삶을 선택했습니다.

처음에는 독신의 삶이 만족스러웠습니다. 직장에서의 성취감은 높았고, 자신만의 시간을 온전히 즐길 수 있었습니다. 경제적으로도 여유가 있어 취미생활과 여행을 마음껏 누렸습니다. 그러나 30대 후반이 되자, 자신도 모르게 주변과의 교류가 줄어들기 시작했습니다. 친구들 대부분이 결혼과 육아로 바빠지자 함께 어울릴 시간이 급격히 줄었습니다. 옥순은 점차 혼자 있는 시간이 길어졌고, 이를 당연한 삶의 방식으로 받아들이게 되었습니다.

그러나 어느 날, 옥순은 회사에서 크게 아팠던 경험을 했습니다. 심한 장염으로 갑자기 응급실에 입원했지만, 그녀는 병원에 함께 가줄 사람조차 없었습니다. 병상에서 고통스럽게 누워 있는 동안, 그녀는 자신의 삶을 돌아보게 되었습니다. 주변을 돌아보니 자신과 친밀한 관계를 유지하는 사람들이 현저히 줄어 있었고, 회사 동료들과의 관계도 깊지 않은 형식적 교류에 머물러 있었습니다.

옥순은 깨달았습니다. 독신의 삶을 선택한 것은 문제가 아니었지만, 운을 관리하는 방식에 있어서 고립을 자초했다는 사실이었습니다. 옥순은 독립적이고 당당한 삶을 선택한 것까지는 좋았지만, 너무 개인적인 성취와 만족에만 초점을 맞춰 다른 사람들과의 관계를 소홀히 했습니다. 운이 흐르지 않는 최악의 조건은 결국 아무도 만나지 않는 고립의 상태였다는 것을 비로소 실감했습니다.

이후 옥순은 자신의 운을 재조정하기로 결심했습니다. 결혼과 배우자에 대한 생각이 없다고 해도 인생에서 의미 있는 관계를 맺고 유지하는 것이 얼마나 중요한지를 깨닫고, 의식적으로 사람들과의 관계를 다시 형성해 나갔습니다. 대학 동기모임에 다시 적극적으로 참여했고, 비슷한 생각을 가진 싱글 직장인 모임이나 취미 모임에도 가입했습니다. 이런 변화를 통해 옥순은 단순히 혼자 사는 것을 넘어, 다른 사람들과 진정한 교류와 소통을 통해 삶의 균형을 되찾기 시작했습니다. 경제적 여유와 자기관리로 자신을 유지하면서도, 주변 사람들과의 관계를 통해 새로운 기회와 운의 흐름을 다시 얻기 시작했습니다.

옥순의 사례는 독신이라는 선택 자체가 운을 방해하는 것이 아니라, 독신의 삶을 살아가는 방식에 따라 운의 흐름이 달라질 수 있음을 보여줍니다. 중요한 것은 혼자라는 삶의 방식이 아니라, 고립되지 않고 적극적으로 다른 사람과의 관계를 유지하며 자신의 운을 순환시킬 수 있도록 관리하는 것입니다. 인간관계가 단절된 상태는 운이 정체된 상태이며, 끊임없이 사람들과 교류하며 삶의 활력을 유지해야 한다는 것이 옥순이 얻은 가장 큰 교훈이었습니다.

옥순은 능력 있는 직장인으로 인정받으며 30대 초반까지 빠르게 성장했고, 자신이 원하는 독립적인 삶을 위해 비혼의 길을 택했습니다.

수풍정 水風井

수풍정(水風井)은 우물에서 끊임없이 물을 퍼 올리는 모습을 나타냅니다. 우물물은 아무리 많아도 계속해서 퍼내지 않으면 썩게 됩니다. 인간의 삶에서 운도 마찬가지입니다. 지속적으로 흐르지 않으면 결국 정체되고 썩어갈 수밖에 없습니다. 수풍정은 자신의 내면과 외부 세계를 계속해서 교류하고 소통하며 운의 순환을 유지해야 함을 강조합니다.

처음에는 이 선택이 매우 만족스러웠습니다. 경제적 안정과 독립성, 자신만의 여유로운 시간 등, 결혼의 책임과 의무에서 벗어나 자유롭게 자신의 운을 즐기고 관리할 수 있었습니다.

그러나 시간이 흐르면서 문제가 나타났습니다. 친구들과 지인들이 결혼하고 육아에 매달리면서 자연스럽게 인간관계가 줄어들었고, 옥순은 점점 고립의 상태로 빠져들었습니다. 업무적 성취와 개인의 삶을 즐기는 데만 집중한 결과, 그녀의 운은 점점 흐름이 둔화되어 결국 정체되기 시작했습니다. 응급실에서 홀로 고통스러운 순간을 겪으며 그녀는 혼자 살아가는 삶이 문제가 아니라, 혼자 살아가면서 운을 제대로 관리하지 못한 점이 문제였음을 깨달았습니다.

운은 마치 우물의 물과 같습니다. 아무리 좋은 운도 계속해서 외부 세계와의 교류를 통해 순환시키지 않으면 정체되어 썩기 마련입니다. 옥순은 처음에는 독립적이고 활기찬 삶을 즐겼지만, 점점 혼자라는 상황에 안주하면서 삶의 흐름이 멈춰버렸습니다. 이는 운을 지속적으로 새롭게 하지 않고, 자기만의 세계에 갇혀 운의 순환을 막은 결과였습니다. 하지만 옥순은 이 위기에서 중요한 깨달음을 얻었습니다. 혼자 살더라도 운을 순환시키려면 지속적으로 외부와 소통하고 관계를 유지해야 한다는 점입니다.

운을 지속적으로 순환시키기 위해서는 다른 사람들과 끊임없이 소통하고 교류하며 삶의 활력을 유지해야 합니다. 옥순의 사례는 독신이든 결혼이든 중요한 것이 삶의 형태가 아니라, 삶을 살아가는 방식임을 명확히 보여줍니다. 운은 혼자 고립된 채로 내버려 두면 정체되고 사라지지만, 의식적으로 외부 세계와 교류하며 적극적으로 관리하면 끊임없이 신선한 흐름으로 가득 채울 수 있습니다. 결국 옥순은 운을 단절된 우물이 아니라, 살아있는 샘처럼 지속적으로 흘러가게 만드는 것이 가장 중요하다고 여겼어야 합니다. 어떤 선택을 했든, 그로 인해 운의 흐름이 꼬이고 막힐 수도 있지만, 언제나 그 흐름을 다시 열고 새로운 길을 만들 방법은 존재합니다. 때로는 힘겨운 시기를 건디며 운의 중심을 다시 다잡아야 할 수도 있고, 때로는 적극적으로 변화를 만들어 나가며 자신의 운을 재편해야 할 수도 있습니다.

운명은 절대로 고정된 것이 아닙니다. 당신의 선택과 행동으로 흐름을 만들어가면 됩니다. 흐름 속에서만 운은 살아있고, 당신의 삶 또한 그 흐름 속에서 진정한 의미를 찾게 될 것입니다. 그러나 인간은 여전히 보이는 것에 현혹되고, 비교하는 습관에서 벗어나지 못하며, 들리는 것에 쉽게 흔들리고 휘둘립니다. 관계를 맺고 유지하는 것은 때때로 번거롭고 피곤하며, 혼자만의 공간이 주는 편안함을 선택하고 싶어집니다. 하지만 그 순간을 직면해야 합니다. 운은 관계 속에서만 비로소 그 가치를 얻기 때문입니다. 타인의 운과 내 운이 만나고 부딪히며 서로 교환되고 순환할 때 비로소 진정한 운의 흐름이 형성됩니다. 아무리 하늘로부터 천운을 타고났다고 하더라도, 이 세상에 존재하는 다른 운들과 끊임없이 소통하고 교류하지 않으면 그 운은 결국 힘을 잃고 사라져 버리기 마련입니다.

운은 교류를 통해 생성되고, 관계를 통해 지속되며, 변화 속에서 성장합니다. 혼자만의 세계에 갇혀서 타인과의 관계를 끊는다는 것은 스스로의 운을 소멸시키겠다는 선언과 같습니다. 삶의 진정한 의미와 가치는 결국 운의 흐름 속에서, 타인과의 상호작용을 통해서만 발견될 수 있습니다. 지금 당신 앞에 놓인 운의 흐름을 두려워하지 마십시오. 그 흐름에 용기 있게 뛰어들어 다른 운과 교류하십시오. 그 속에서 당신의 운은 더욱 풍성해지고 생명력을 얻을 것입니다. 운은 결코 홀로서 있지 않습니다. 인간의 운명은 인연을 통해 완성되기 때문에 당신의 삶도, 당신의 운도 타인과의 교류 속에서만 진정으로 빛날 수 있음을 명심하시기 바랍니다.

11장

40대
성공과 실패의 갈림길에서
운을 관리하는 법

40대에 본격적인 사업을 시작한 한 가장이 있습니다. 이 나이에 사업을 시작한다는 건 쉬운 결정이 아니었습니다. 40대의 운은 단순히 나 자신의 운만을 의미하지 않기 때문입니다. 자녀를 둔 부모로서의 책임, 이제 마지막 여정을 향하고 있는 부모를 부양하는 자식으로서의 부담, 다가오는 예비 은퇴자로서 노후 준비에 대한 압박까지 복합적으로 있습니다. 이제 운의 방향을 마음대로 전환하거나, 실수를 만회할 수 있는 시간도 점점 줄어드는 듯 느껴집니다.

그는 아침에 눈을 뜰 때마다 이런 생각이 들었습니다. '과연 이 삶이 내가 원하던 삶인가?' 젊은 시절 꿈꿨던 모습과는 달리, 현실은 너무도 버거웠습니다. 아이들의 교육비는 점점 늘어나는데, 아이들의 미래를 위해 쓰는 돈이 제대로 쓰이고 있는지 늘 의문스러웠습니다. 그가 아이들에게 물려주는 것이 축복이 될지, 아니면 오히려 짐이 될지 불안했습니다. 부모님은 어느새 연로하여 병원 방문이 잦아지셨고, 그 모습을 볼 때마다 마음은 무거웠습니다. 부모에게 받은 만큼 돌려드리지 못하는 죄책감이 늘 마음 한구석에 자리 잡고 있었습니다. 하지만 현실은 녹록지 않았습니다. 늘어나는 의료비와 생활비 부담에, 결국 부모와 자식 사이에서도 차마 꺼내기 힘든 갈등이 발생하기도 했습니다.

사회적으로도 이미 중간관리자가 되어 있을 나이, 40대. 하지만 경기 악화로 인해 회사의 매출이 줄고 언제 밀려날지 모르는 위기감에 휩싸여 있었습니다. 주변에서는 '이 나이면 은퇴 후를 준비해야 한다'고 말하지만, 이대로라면 60이 넘고, 70이 되어도 일을 계속해야 될 것 같습니다. 아직도 주택대출금과 카드값에 허덕이고 있기 때문입니다.

'지난 20년 동안 열심히 일했는데, 도대체 무엇이 잘못된 걸까?' 그는 방황하고 있었습니다. 어쩌면 20대 때보다 더 불안하고 더 혼란스럽게 느껴졌습니다. '지금부터라도 새로운 길을 찾아야 하는 걸까? 이제 와서 늦은 건 아닐까?' 그러나 이 불안 속에서도 희망의 가능성은 존재합니다. 운이란 결국 소비하는 방식에 따라 달라지기 때문입니다.

지금까지는 부모를 위한 자녀로, 자녀를 위한 부모로, 회사를 위한 직장인으로 운을 써왔지만, 이제는 스스로의 인생을 중심으로 운을 관리해야 할 때라는 것을 깨달아야 합니다. 이 전환을 이루지 못하면, 40대 이후 남은 삶은 결국 과거의 반복으로 흘러갈 가능성이 매우 높습니다.

　그렇다면 40대에겐 어떤 운이 남아 있을까요? 어떤 운을 새로 생성할 수 있을까요? 어떤 운과는 인연을 단절해야 할까요? 40대는 인생이라는 '긴 여정의 중심축'입니다. 더는 무작정 앞만 보고 달릴 수도, 그렇다고 멈춰 설 수도 없는 시기입니다. 경제적 걱정과 삶의 무게는 여전히 그의 어깨를 짓누르고 있습니다. 특히 오늘날의 40대는 이전 세대와는 완전히 다른 새로운 도전에 직면해 있습니다. 바로 SNS를 비롯한 디지털 세상 속 그 누군가와의 끝없는 비교입니다. '40대쯤 되면 SNS에서 자유로울 수 있지 않을까?'라는 기대와 달리, 현실은 그렇지 않습니다. 오히려 더 깊이 빠져들어가는 경우가 허다합니다. 과거에는 이웃과 동창들 정도가 비교 대상이었다면, 지금은 SNS에서 전 세계 수많은 사람들의 화려한 일상과 성공담이 그의 일상을 무력하게 만들곤 합니다. 그중에서도 특히 슈퍼 리치의 삶을 보면서 나의 위치가 정말 중산층에 머물고 있는지 끊임없이 확인하고 싶어합니다. '내가 슈퍼 리치까지는 아니어도 과연 중산층의 기준에 맞게 살고 있는가?'라는 의심이 매일의 삶을 뒤흔들곤 합니다. SNS 피드에 올라온 누군가의 고급 아파트, 자동차, 값비싼 명품 시계, 해외 유명 리조트에서 보내는 럭셔리한 휴가 사진을 보면 갑자기 매일 반복되는 일상이 초라하고 불안정하게 느껴집니다. 합리적인 기준은 온데간데없고, 자신의 자산과 생활 수준을 끝없이 확인하고 평가하면서도 확신하지 못하는 불안감은 40대 특유의 위기감을 더욱 증폭시키게 됩니다.

그러나 여기서 그가 깊이 고민해야 할 질문이 있었습니다. '나는 왜 타인의 삶과 나의 삶을 끊임없이 비교하고 있는가? 정말 그런 삶이 나의 행복을 보장하는가?' 40대는 운의 흐름이 가장 복잡하고 불안정한 시기이기도 하지만, 동시에 자신의 운을 가장 주체적으로 조정하고 재설정할 수 있는 시기이기도 합니다. 어떤 운과 계속 인연을 유지해야 하고, 어떤 운을 새롭게 만들어야 하는지 깊이 고민해야 하는 시기입니다.

먼저 지금까지 그를 안정적으로 이끌어 온 '관성의 운'과는 적당한 거리를 두는 것을 권합니다. 지금껏 안전하게 이끌어 온 익숙한 흐름이 오히려 변화와 성장을 막는 장애물일 수도 있기 때문입니다. 40대가 반드시 경계해야 할 것이 바로 이 관성 속에 안주하게 되는 것입니다. 편안함에 기대는 순간 삶은 더 이상 앞으로 나아가지 않고 그 자리에 멈춰버립니다.

그렇다면 40대에 새롭게 생성할 수 있는 운은 무엇일까요? 바로 '전환의 운'입니다. 직장인으로 살았다면 창업이 새로운 전환점이 될 수 있습니다. 서정진 회장도 40대 중반에 5천만 원으로 창업해서 오늘의 셀트리온을 키워냈습니다. SNS에서 보이는 타인의 화려한 삶이 아니라, 나만의 확고한 중심을 세우고 주체적으로 운을 관리하게 될 계기, 그것이 바로 창업의 운입니다.

1. 간신 때문에 무너진 삶

인간관계 관리하기 / 위인설관 危人說關 (위험한 사람의 말)

필자가 스타트업 창업을 했을 때 벌어진 일입니다. 제가 부동산 조 각투자 사업을 하겠다고 준비할 때였는데, 그 당시 알게 된 한 대표의 이야기입니다. 실제로 바로 제 눈앞에서 목격한 일이기에 더욱 생생하 게 기억에 남아 있습니다.

상훈 대표는 당시 30대 중반까지 매우 성공적인 창업자로 주변 사람 들의 부러움을 받았습니다. 대학 졸업 후 IT 스타트업을 창업한 그는 빠르게 회사를 키웠고, 30대 후반에는 이미 수십억의 매출을 올린, 젊 은 CEO로 명성을 날리고 있었습니다. 제가 그를 처음 만났을 때만 해 도 상훈 대표는 정말 모든 운이 자신을 향하고 있는 것처럼 자신만만 하고 당당해 보였습니다.

그런데 어느 순간, 제가 바로 옆에서 그 상황을 지켜보던 중, 전혀 예 상치 못한 일이 벌어졌습니다. 상훈 대표의 회사가 투자받았던 벤처캐 피탈에서 갑자기 추가 투자를 철회한 것입니다. 투자금이 막히자 회사 는 눈에 띄게 흔들리기 시작했고, 직원들의 급여조차 지급하지 못할 만큼 급격히 상황이 나빠졌습니다. 곧이어 법적 분쟁과 채무 문제까지 터지면서, 그 자신은 한순간에 개인파산 직전까지 내몰리고 말았습니다.

이러한 한순간의 몰락은 제가 실제로 본 어떤 상황보다도 더 충격적이었습니다. 회사가 흔들리자 주변의 인간관계도 빠르게 무너졌습니다. 잘나가던 시절, 상훈 대표 주변에는 늘 많은 사람들이 있었지만, 위기가 닥치자 놀랍게도 곁에 남은 사람은 거의 없었습니다. 저는 그의 표정에서 절망과 분노가 뒤섞인 감정을 직접 목격했습니다. 그는 자주 "도대체 내가 뭘 잘못했지? 그때 그 투자만 받지 않았어도... 백이사만 믿지 않았더라면..."이라며 괴로워했습니다. 그때 백이사라는 사람은 투자업계의 브로커로, 항상 상훈 대표를 신적인 존재처럼 추켜세웠습니다. 실제로 상훈 대표가 성공으로 인해 목에 힘이 들어가기 시작한 것도 제가 보기엔 백이사의 영향이 컸던 것으로 보였습니다.

이후 상훈 대표는 아내와의 갈등도 심해지고 아이들과의 관계 역시 악화되었습니다. 그의 삶이 무너지는 모습을 바로 곁에서 지켜보는 가족은 더욱 고통스러웠습니다. 그의 얼굴에 드러난 절망감은 너무나 생생했습니다. 성공이 주는 화려함이 얼마나 허무하고 무서운 것인지도 그때 비로소 알게 되었습니다.

하지만 얼마 후, 그가 서서히 자신을 구원할 방법을 찾아가는 모습을 보게 되었습니다. 가장 먼저 그는 더 이상 자책하지 않으려고 노력했습니다. 실제로 그는 어느 날 제게 "자책과 후회의 감정에 빠져 있으면 절대로 다시 일어날 수가 없더군요"라고 말하며 변화를 시작했습니다.

그리고 그는 실패의 경험을 냉철하게 기록하고 분석하기 시작했습니다. 제가 보기에 그는 자신이 겪은 일을 절대 운의 탓으로 돌리지 않았습니다. 오히려 자신이 어떤 부분에서 실수를 했는지 하나하나 꼼꼼히 되짚어 나갔습니다. 저는 그가 적어나간 실패 노트가 점점 두꺼워지는 것을 옆에서 지켜봤습니다. 그는 오히려 그 노트가 앞으로 자신이 다시 운을 만드는 데 가장 큰 자산이 될 것이라 확신했습니다.

또한 그는 인간관계의 중요성을 다시 깨달았습니다. 회사가 어려워질 때도 그를 끝까지 믿고 지지해준 몇몇 지인들과 동료들과의 관계를 다시 소중히 여기기 시작했습니다. 특히 백이사와의 만남을 철저히 차단했습니다. 동시에 그간 성공의 화려함 속에 무심했던 가족과의 관계 회복에도 노력을 기울였습니다. 저는 이때부터 그가 작은 만남에도 최선을 다하는 모습을 목격할 수 있었습니다.

외부 환경에서 오는 압력도 차단했습니다. 처음 회사가 흔들렸을 때 그는 매일 SNS를 보며 다른 성공한 사업가들과 자신을 비교하고 괴로워했습니다. 제가 기억하기로 어느 날부터 그는 스마트폰에서 SNS 앱을 삭제했고, 오직 자기 내면에만 집중하는 습관을 갖기 시작했습니다. 매일 아침 그는 혼자 조용히 산책을 하며 명상을 하고 자신의 내면과 진지한 대화를 나눴습니다. 실제로 그 모습은 매우 진지하고 차분해서, 저 역시 그로부터 많은 자극을 받았습니다.

마지막으로 그가 다시 작은 사업부터 시작하는 모습을 보게 되었습니다. 과거의 화려했던 사업과 비교하면 규모는 매우 작았습니다. 하지만 그는 더 이상 큰 성공이 아니라, 지속 가능한 운의 흐름을 만드는데 초점을 맞췄습니다. 그렇게 작은 컨설팅 사업을 시작했고, 서서히 안정을 되찾았습니다.

상훈 대표의 사례를 바로 곁에서 지켜본 저는 40대에 찾아온 몰락과 실패가 절대 인생의 끝이 아니라는 것을 분명히 깨달았습니다. 운이 다한 것처럼 보이더라도, 자신을 철저히 관리하고, 인간관계를 회복하고, 외부의 압력에서 벗어나 내면의 중심을 다시 잡으면 언제든 운의 흐름은 회복될 수 있다는 것을 그를 통해 배웠습니다.

지금 그는 자신 있게 이렇게 말합니다. "한 번의 큰 실패가 내 운을 완전히 끊어버렸다고 생각했지만, 오히려 그것은 새로운 운의 흐름을 만드는 가장 중요한 계기가 되었습니다. 실패의 순간에 멈추지 않고 끊임없이 운을 흐르게 하는 것이 중요합니다. 운명은 결국 내가 어떻게 관리하느냐에 따라 얼마든지 새롭게 창조될 수 있습니다."

그의 이야기를 직접 보고 느낀 저는, 절망 속에서도 스스로 중심을 잡고 다시 일어나는 모습이야말로 진짜 운이 무엇인지 알려주는 가장 명확한 증거임을 알게 되었습니다. 운은 결코 완전히 사라지지 않습니다. 단지 흐름이 잠시 막혀 있을 뿐입니다. 그 흐름을 다시 찾고 싶다면, 결국 자신의 내면을 다시 열고 중심을 잡는 것부터 시작해야 합니다. 운을 되살리는 진짜 열쇠는 외부가 아니라 바로 여러분 자신 안에 있습니다.

상훈 대표에게 작용한 운을 분석할 때 가장 주목해야 하는 인물은 바로 백이사입니다. 백이사 같은 인물과의 인연은 자연스럽게 시작한 것처럼 오인되지만 그것은 철저하게 계산된 인연입니다. 피했어야 하지만 피하지 못했고, 빠져나오고 싶지만 당장 그럴 수 없는 상황이라면, 호랑이 굴에 들어가 있는 마음으로 정신을 바짝 차려야 합니다.

위인설관 危人說關

운 코치는 운의 흐름이 인간관계, 특히 특정 인물과의 인연을 통해 크게 좌우된다고 강조합니다. 상훈은 초기 창업 단계에서 빠르게 성장하고 있었지만, 그의 운명이 극적으로 악화되는 시점은 바로 백이사와의 인연이 깊어진 때부터였습니다. 백이사는 투자업계의 브로커로, 겉으로는 상훈을 열렬히 지지하며 그를 '천재적 CEO'라고 칭송했습니다. 상훈 역시 자신을 인정하고 높이 평가하는 백이사에게 지나치게 의존했고, 그의 조언과 판단을 절대적으로 신뢰했습니다. 바로 이 점에서 운 코치가 경고하는 위인설관(危人說關), 즉 '위험한 사람에게 운명의 열쇠를 맡긴 꼴'이 되어버린 것입니다.

상훈의 운은 백이사와의 관계로 인해 판단력 상실이라는 결정적인 악화를 맞이했습니다. 운 코치는 운을 관리하려면 정확한 판단력을 유지해야 한다고 말합니다. 하지만 상훈은 백이사가 제시한 투자 방식을 맹목적으로 신뢰했고, 백이사의 칭찬과 지지에 현혹되어 점차 상황을 객관적으로 판단하지 못하게 되었습니다. 백이사가 소개한 벤처캐피탈에서 투자를 받을 때도, 상훈은 자금의 성격이나 조건에 대해 충분히 깊이 있게 검토하지 않았습니다. "백이사가 소개한 투자니까 틀림없을 것"이라는 안이한 믿음과 과도한 신뢰는 그가 운을 객관적으로 읽지 못하도록 만들었습니다.

상훈이 백이사와 맺은 관계는 전형적인 음성陰性, 즉 수동적이고 의존적인 관계였습니다. 백이사와의 관계가 깊어질수록 상훈은 독립적인 판단과 능동적인 사고를 잃었습니다. 그는 자신의 운명을 스스로 통제하지 못한 채 백이사에게 전적으로 맡겼고, 결국 백이사의 갑작스러운 투자 철회 결정에 자신의 운명이 송두리째 흔들리는 최악의 상황을 맞았습니다. 이는 운 코치가 흔히 말하는 '위기상관委己喪關'의 상황으로, 자기 자신을 타인에게 의존하며 스스로 운명의 주인이기를 포기하는 것을 의미합니다. 백이사에게 지나치게 의존한 나머지, 상훈은 결정적인 순간에 운의 주도권을 잃었고, 운의 흐름은 최악의 상황으로 빠르게 흘러갔습니다.

상훈은 회사가 위기를 맞자 처음에는 모든 원인을 백이사 탓으로 돌리며 분노했습니다. 하지만 운 코치는 악연을 끊어내는 것이 곧 운의 흐름을 다시 돌릴 수 있는 시작이라고 말합니다. 상훈은 결국 백이사와의 관계를 완전히 차단했고, 이로 인해 운의 흐름에 작은 변화가 생기기 시작했습니다. 운 코치는 이와 같은 단절을 결단決斷이라 하며, 악연을 끊음으로써 음의 운에서 양의 운으로 다시 이동할 수 있는 계기가 마련된다고 강조합니다. 백이사와의 관계가 완전히 끊어지자, 상훈은 비로소 스스로를 객관적으로 돌아볼 수 있는 여지를 얻게 되었습니다. 만나지 말아야 할 사람과의 관계에서 비롯된 악운은 신속히 끊는 것이 운의 흐름을 전환하는 계기가 됩니다.

　백이사와의 악연을 끊은 상훈은 이후 운의 흐름을 되돌리기 위해 몇 가지 중요한 선택을 했습니다. 상훈은 비로소 자신의 과거를 냉정하게 돌아보고, 실패의 책임이 백이사뿐 아니라 자신에게도 있음을 받아들였습니다. 그는 화려한 성공 대신 지속 가능한 사업으로 방향을 전환하고, 자신의 내적 중심을 회복하는데 전력투구를 했습니다. 이는 음의 극한 상황에서 다시 양의 흐름을 찾아가는 중요한 모티브가 됩니다. 이러한 변화는 음극즉양陰極則陽의 원칙, 즉 음의 흐름이 극단에 이르러 양으로의 전환이 가능한 시점을 명확히 보여줍니다. 운의 흐름을 스스로 관리하며 다시 양의 기운으로 돌아갈 가능성을 만들어낸 것입니다.

　하지만 자신을 들여다보는 것이 익숙하지 않다 보니, 이 과정에서 자칫 스스로 고립되는 경우도 있습니다. 이런 고립을 방지하려면 운의 파동이 담겨있는 책을 읽어야 합니다. 강력한 에너지가 담긴 책은 시련과 고난을 어떻게 극복했는지에 대한 생생한 인사이트를 제공합니다. 필자 역시 어린 시절, 외울 정도로 읽었던 세계 위인전이 삶의 가치관을 형성하는데 큰 도움이 됐고 지금도 제가 멘토로 삼은 11인의 책을 읽고 또 읽습니다. 책 속에서 다른 이들의 실패와 성공의 과정을 마주하다 보면, 스스로의 문제를 객관적으로 바라보는 시야가 자연스럽게 생겨납니다. 정기적으로 책을 읽으며 타인의 인생을 통해 배운다면, 우리는 고립된 채 방황하지 않고 언제든 삶의 한 가운데서 다시 중심을 잡을 수 있는 지혜와 용기를 얻을 수 있습니다.

결국 운을 관리하고 새롭게 만들어가는 비결은 끊임없이 배우고, 스스로를 성장시켜 나가는 것입니다. 그렇게 하다 보면 어느새 여러분 자신이 내면에 잠재되어있는 운을 끌어당기는 사람이 되어 있을 것입니다.

2. 배우자의 외도로 무너진 운

큰 변화와 위기 극복하기 / 택화혁 澤火革 (호수와 불의 충돌)

채원은 40대 초반에 이미 남부럽지 않은 성공을 이룬 사업가였습니다. 작은 온라인 쇼핑몰을 시작한 그녀는 불과 몇 년 만에 국내 최대 규모의 여성 패션 플랫폼을 구축했습니다. 사업이 성공하면서 경제적 여유가 생겼고, 고급 주택가에 큰 집을 마련해 자녀들에게 최고의 교육을 제공할 수 있게 되었습니다. 그녀의 삶은 SNS를 통해 모두가 부러워할 만큼 화려하고 완벽해 보였습니다.

하지만 화려한 성공 뒤편에는 깊은 그림자가 드리워지고 있었습니다. 채원은 사업이 성공할수록 점점 남편이 못마땅해졌습니다. 주변에서 성공한 기업 대표들과 남편을 비교할 때마다 그녀는 속으로 답답하고 짜증이 났습니다. '왜 내 남편은 저렇게 무능할까?'라는 생각이 자주 들었지만, 그녀는 그런 마음을 꾹 누르고 스스로 남편을 인내하며 참고 있다고 위안했습니다. 그러나 결국 그녀의 속마음은 남편을 향한 무시와 가혹한 말들로 서서히 드러나기 시작했습니다.

채원이 비서 지연을 대하는 태도도 크게 다르지 않았습니다. 지연은 초창기부터 오랫동안 가까이에서 그녀를 보좌했지만, 일이 뜻대로 풀리지 않을 때마다 채원은 비서를 향해 감정적인 막말과 날카로운 비난을 쏟아냈습니다. 특히 회사가 성장한 뒤 채용한 스펙좋은 직원들에 비해 지연은 너무 답답하게 느껴졌습니다. "너 같은 사람을 데리고 내가 지금까지 참으면서 일하는 거야. 그건 알고 있지? 그럼 좀 열심히 하자. 내가 많은 걸 바라는 게 아니잖아!" 그녀는 이런 식으로 지연에게 자신의 감정을 거침없이 표출했고, 지연은 상처를 입은 채 그 말을 속으로 삼킬 수밖에 없었습니다.

그러던 어느 날, 채원의 인생에 상상조차 하지 못했던 일이 벌어졌습니다. 우연히 남편의 스마트폰에서 낯익은 이름과 주고받은 은밀한 메시지를 발견했습니다. 더욱 믿을 수 없는 사실은 남편의 외도 상대가 다름 아닌 자신이 오랫동안 인내하며 곁에 두었다고 생각했던 자신의 비서 지연이었다는 것입니다. 채원은 자신이 참고 또 참으며 인내해왔던 두 사람이 한편이 되어 자신을 배신했다는 사실에 극도의 분노와 충격을 느꼈습니다.

배신감에 휩싸인 채원은 즉시 비서 지연을 해고했습니다. 그러나 지연은 자신을 부당해고로 신고하는 것은 물론, 국세청에 회사의 비리를 고발하는 민원을 넣었습니다. 이로 인해 회사는 갑작스럽게 세무조사를 받았고, 사업적으로 철저히 탈탈 털리게 되었습니다. 모든 일이 한꺼번에 무너지자 채원은 자신이 이루었던 성공과 명성까지 송두리째 빼앗긴 것 같은 절망을 느꼈습니다.

채원은 모든 분노와 원망을 남편과 비서에게 쏟아냈습니다. "내가 지금까지 얼마나 참고 또 참았는데, 너희들이 나한테 이럴 수가 있어? 내가 너희들을 인내해준 결과가 결국 이런 배신인 거야?" 그녀는 남편과 비서에 대한 깊은 배신감을 느끼며, 자신의 삶을 망가뜨린 모든 원인을 그 두 사람에게 돌렸습니다.

하지만 시간이 지나면서 그녀는 점차 자신을 되돌아보기 시작했습니다. 자신의 내면을 바라보자, 그녀가 '참고 인내했다'고 여겼던 행동들이 사실은 남편과 비서에게 끊임없이 상처를 주고 있었던 것임을 깨달았습니다. 남편에게 무시와 모욕적인 말을 서슴없이 퍼부었던 순간들, 비서에게 감정적으로 막말을 했던 날들이 그녀의 머릿속에 생생히 떠올랐습니다. 결국 자신이 두 사람의 감정을 깊이 상처 입혔던 바로 그 순간, 두 사람은 동병상련의 감정으로 서로에게 위로를 얻고 있었던 것입니다.

이 깨달음은 그녀에게 더 큰 고통과 충격을 주었지만, 한편으로는 중요한 전환점이 되었습니다. 그녀는 이제 분노를 넘어, 근본적으로 자신의 삶과 운을 다시 회복하는 여정을 시작해야 한다는 사실을 받아들였습니다.

첫째, 그녀는 남편과의 관계를 진지하게 재정립하기로 결심했습니다. 처음에는 용서하기가 쉽지 않았지만, 서로의 진정한 마음을 확인하며 신뢰를 회복하기 위한 현실적인 과정을 세웠습니다. 둘째, 그녀는 외부의 평가와 인정에 집착했던 자신의 삶을 돌아보며, 자신의 진정한 행복과 의미가 무엇인지 고민하기 시작했습니다. 사업 방향도 축소하고 재정비하며, 심리상담을 통해 자존감을 회복했습니다. 마지막으로 그녀는 SNS와 같은 외부 환경을 멀리하고, 현실 속에서 진실한 인간관계를 형성했습니다. 진정한 친구들과 솔직한 마음을 나누고, 소홀히 했던 자녀들과의 관계 회복에 힘썼습니다.

채원은 결국 자신의 운명이 외부의 화려한 모습과 평가가 아닌 내면의 중심과 자기 자신을 돌보는 데서부터 시작된다는 사실을 깊이 깨달았습니다. 그녀는 이제 자신의 인생을 새롭게 만들어갈 준비를 하고 있습니다. 자신을 돌아보고 진정한 내면의 운을 만들어갈 때, 삶은 언제든지 다시 빛날 수 있음을 그녀는 분명히 깨닫게 되었습니다.

택화혁 澤火革

택화혁(澤火革)은 '변화', 특히 근본적인 혁신을 상징하는 운입니다. 이는 단순한 표면적 변화가 아닌, 내면의 깊은 성찰과 자각을 통해 삶의 근본적인 흐름을 전환해야 하는 시점임을 알려줍니다. 이 운은 "고통스러운 현실을 받아들이고, 내면을 정리하여 새로운 삶을 열어가라"고 강조합니다. 채원은 젊은 시절부터 외부의 성공에 강하게 집착했습니다. 사업이 성장할수록 그녀는 주변 사람들에게 냉담해지고, 자신의 기준과 감정만을 중시하며 타인에 대한 존중을 잃었습니다. 이 시기는 택화혁 운에서 화(火)의 열정과 의욕이 넘쳐나지만, 택(澤) 즉 연못의 평화로움과 균형감이 부족한 상태를 나타냅니다. 화려한 외적 성공 속에서도 마음은 점점 메말라가고 있던 것입니다.

채원의 비서와 남편이 배신을 한 사건은 단순한 개인적 문제가 아니라, 그녀가 오랫동안 방치했던 내면의 갈등이 표면으로 드러난 결정적 순간이었습니다. 그녀가 남편과 비서를 '인내했다'고 믿었던 것은 사실 자기중심적 사고였으며, 오히려 타인에게 준 상처를 정당화하는 자기기만이었습니다. 택화혁 운에서 이는 '오래된 가죽을 벗겨내야만 하는 순간'을 의미합니다. 즉, 그녀의 오랜 내면적 문제들이 누적되어 마침내 폭발했고, 그녀는 더 이상 이를 피할 수 없는 근본적인 변화와 혁신의 상황으로 내몰린 것입니다.

채원은 처음에는 배신당한 피해자라고만 생각했지만, 깊은 성찰을 통해 자신이 오히려 관계의 파괴자였음을 깨닫게 됩니다. 이것이 바로 택화혁의 본질적 의미인 "자기 성찰을 통해 오래된 잘못된 습관과 가죽을 벗겨내고 새로운 가죽을 입어야 한다"는 메시지입니다.

그녀는 이 위기를 통해 근본적인 자기 혁신의 필요성을 절실히 깨달았습니다. 외부의 성공이나 SNS의 화려함이 아니라, 내면의 진정한 가치와 관계의 중요성을 돌아보게 된 것입니다.

채원이 택화혁 운을 따라 근본적인 내면의 혁신과 변화를 선택한 순간, 그녀의 운은 새로운 흐름을 맞이하게 됩니다. 그녀가 이루었던 이전의 운명은 표면적인 성공이었지만, 결국 불안정하고 깨지기 쉬웠습니다. 이제는 내면의 진정한 혁신을 통해 안정되고 조화로운 운을 만들어갈 준비를 시작한 것입니다. 삶의 변화는 아프고 고통스러운 과정을 동반하지만, 낡은 가죽을 벗기고 새로운 가죽을 입는 순간, 진정한 삶이 시작됩니다. 결국 채원은 자신의 내면을 직면하고, 진정한 자기 혁신을 통해 더 강하고 성숙한 자신으로 거듭나게 될 것입니다.

3. 배우자에 대한 질투와 열등감에 빠진 남편의 삶

문제의 본질을 깨닫고 해결하기 / 뇌수해 雷水解 (천둥과 비로 해결)

채원의 남편, 민호의 시각에서 그의 운을 다시 분석해보겠습니다. 민호는 아내 채원의 사업적 성공 덕분에 경제적 여유와 풍요로운 삶을 누리고 있었지만, 내면은 깊은 공허와 불안으로 점점 어두워지고 있었습니다. 아내가 성공할수록 민호는 그녀에게 인정받지 못하고 무시당하는 느낌이 들었고, 자신도 모르게 아내에게 분노와 원망을 키워왔습니다.

그러던 어느 날, 민호의 외도 사실이 밝혀졌습니다. 아내는 극도의 분노와 충격으로 그를 몰아붙였고, 민호는 자신이 이런 일을 저지른 근본적인 원인이 모두 채원에게 있다고 생각했습니다. 그는 자신을 이런 상황까지 몰고 간 것이 아내의 오만하고 차가운 태도 때문이라며 모든 책임을 그녀에게 돌렸습니다. 민호는 감정적으로 격해진 상태에서 이혼도 불사하겠다는 마음을 굳히기 시작했습니다.

외도의 상대였던 비서는 이때 민호에게 달콤한 제안을 했습니다. "이혼하면 재산분할로 재산의 절반을 가져올 수 있을 테니, 그 돈으로 우리 함께 외국에 나가 새롭게 살아요." 비서의 제안은 민호의 귀에 매혹적으로 들렸습니다. 그는 한순간 자신이 모든 고통과 책임에서 벗어나, 다시금 자유와 사랑을 찾을 수 있을지 모른다고 생각했습니다.

하지만 시간이 지날수록 민호의 마음속에 묘한 의심과 불안이 자리잡기 시작했습니다. 비서가 함께 떠나자고 말할 때마다 자식에 대한 언급은 한마디도 없었습니다. 오히려 자식들을 두고 오자고 권유하는 비서의 태도를 보면서, 민호는 비서가 정말 자신을 사랑하고 있는지 의심하기 시작했습니다. 진정 자신을 사랑하는 사람이라면 과연 자식들과의 관계를 그렇게 쉽게 포기하자고 말할 수 있을지 혼란스러웠습니다.

그 의심과 혼란 속에서 민호는 깊은 고민에 빠졌습니다. 비서와의 관계는 진정한 사랑이 아니라, 채원으로부터 받은 상처를 위로받기 위한 감정적 도피처였다는 사실을 점점 깨닫게 되었습니다. 민호는 이 감정의 혼란 속에서 처음으로 자신과 자신의 선택을 냉정하게 바라보기 시작했습니다.

바로 이 어간에 아내 채원이 먼저 손을 내밀었습니다. 채원은 심리 상담을 받으며 자신이 그동안 남편을 무시하고 상처 주었음을 깨닫고, 진심 어린 소통을 시작했습니다. 민호도 상담에 참여하면서 비로소 진정한 소통과 자기성찰의 기회를 얻었습니다. 민호는 자신이 아내의 성공을 내면적으로 축하하지 못하고 질투와 열등감으로 아내를 멀리했던 것, 그리고 결국 잘못된 선택을 하게 된 원인이 자기 자신에게도 있었음을 인정하기 시작했습니다.

민호는 아내의 성공이 커질수록, 오히려 내면에 강한 긴장과 갈등을 경험했습니다. 아내가 얻은 사회적 인정과 경제적 풍요 속에서 그는 자신의 무능함과 열등감을 절실히 느끼며 자존감을 상실했습니다.

이는 뇌수해 운에서 '수水'가 내면에 갇혀 흐르지 못하고 정체되는 형상으로 표현됩니다. 겉으론 화려한 삶을 누리지만, 속으로는 고립감과 억눌림으로 긴장과 압박을 받으며 점점 불안이 커졌던 것입니다.

결국 민호는 억눌린 내적 긴장을 해소하기 위해 비서와의 외도를 선택합니다. 이 외도는 민호의 내면적 갈등을 순간적으로 해소해주는 듯 보였지만, 이는 문제를 더욱 악화시키는 잘못된 선택이었습니다. 비서가 던진 달콤한 유혹(이혼 후 재산을 나눠 새 삶을 시작하자)은 뇌수해 운에서 '뇌雷'로 상징되는 격렬한 충격과 갈등의 표면화를 나타냅니다. 민호는 이 제안에 현혹되었지만, 동시에 본능적으로 불안감을 느끼고 있었습니다. 이는 그의 내면에서 진정한 해결이 아니라 더 큰 갈등을 불러올 수도 있음을 암시한 것입니다.

뇌수해의 핵심은 '해解', 즉 "풀림"입니다. 민호는 비서가 자녀들에 대해 냉담하게 이야기하는 것을 보고 처음으로 깊은 의심과 혼란을 느끼기 시작합니다. 이 순간이 바로 갈등이 해결되는 최초의 실마리를 제공하는 단계입니다. 민호의 내면에서 '수水'가 갇혀 있던 상태가 드디어 움직이기 시작했습니다. 자신이 선택한 외도와 이혼이 진정한 행복으로 향하는 길인지, 아니면 더 큰 혼란과 상처를 낳을지 자문하기 시작한 것입니다.

결국 아내 채원이 심리상담을 통해 먼저 소통을 요청했을 때, 민호는 자신의 내면을 정면으로 바라볼 기회를 얻습니다. 뇌수해 운은 "서로가 마음을 열고 솔직하게 대화함으로써 오해가 풀리고, 막혔던 운이 다시 흐르게 된다"고 강조합니다. 민호는 이때 자신의 진짜 문제를 깨닫습니다. 아내에게 받은 상처와 무시가 아니라, 자신의 내면에서 아내를 진심으로 축하하지 못하고 질투와 열등감에 빠졌던 자신의 문제가 갈등의 본질임을 직시하게 됩니다.

민호는 이제 스스로 만든 갈등의 매듭을 하나씩 풀어가기 시작합니다. 그는 아내에게 진심 어린 사과를 하고, 서로의 상처와 갈등을 솔직하게 나누는 과정을 통해 더 성숙한 관계로 발전합니다.

긴장과 갈등은 누구에게나 찾아올 수 있지만, 중요한 것은 그것을 방치하거나 도피하는 것이 아니라 솔직한 대화와 내면의 성찰로 적극적으로 해결하는 것입니다. 민호가 이 지혜를 실천할 때, 비로소 그의 삶에 얽힌 모든 갈등이 풀리며 내면의 평화와 진정한 행복으로 나아가는 길이 열릴 것입니다. 뇌수해 운은 결국 민호의 삶에 찾아온 위기를 극복하는 방법이 외적 상황의 회피나 도피가 아니라, 내면의 깊은 이해와 성찰을 통한 소통과 용서임을 분명히 말하고 있습니다.

대표에 대한 시기, 질투로 자신의 성장 운을 닫아버린
비서 지연- 지수사地水師 운

그렇다면 채원과 민호 사이에 불화의 관계를 형성한 비서 지연은 어떤 운으로 풀이할 수 있을까요?

지수사 地水師

지수사(地水師) 운은 싸움과 갈등, 전투의 상황을 상징하며, 인간관계의 불화, 내면적 갈등, 그리고 이를 극복하기 위한 전략적 판단이 필요한 상황을 나타냅니다. 지수사는 또한 자신이 속한 환경에서 일어난 불의를 바로잡으려는 과정에서 겪는 내적 고뇌와 갈등을 담고 있습니다.

지연은 비서로서 오랫동안 채원을 보좌하며 일했지만, 늘 자신의 노력을 인정받지 못하고 모욕과 무시를 당했습니다. 이는 지수사 운의 초반부, 곧 싸움의 근원이 되는 갈등이 쌓여가는 상황을 나타냅니다. 채원의 성공과 함께 비서는 점점 더 채원에게 종속되었고, 비서의 내면에서는 참아왔던 불만과 분노가 점차 고조되었습니다.

이는 지수사의 아래에 흐르는 물水의 기운이 위의 땅地 아래에 갇혀 있는 형상과 유사합니다. 자신의 능력과 감정이 제대로 표출되지 못하고 계속 억압당하면서 비서는 결국 마음속 깊이 내적 전투를 준비하게 된 것입니다.

지연과 채원의 남편 민호의 외도 사건은 그녀의 내적 갈등과 불만이 외부로 분출된 결정적 순간이었습니다. 그러나 그녀는 단지 감정적인 위안을 얻기 위해 민호와 관계를 맺은 것이 아니라, 자신에게 끊임없이 무시와 모욕을 준 채원에 대한 복수와 분노를 표출하는 형태로 이러한 관계를 선택했습니다.

지수사의 핵심은 "감정적 갈등과 불만이 제대로 해소되지 못하면 결국 파괴적인 형태로 분출된다"는 것입니다. 비서의 행동은 무의식적으로 복수심을 통해 자신의 내면에 쌓인 분노를 표출하는 전투적인 선택이었습니다.

결국 해고된 비서는 마지막 수단으로 국세청에 회사의 비리를 고발하며 채원의 사업에 철저한 타격을 가했습니다. 이는 지수사 운의 본질적 의미, "숨겨진 진실을 밝히기 위한 싸움"의 단계입니다. 비서는 그동안 참아왔던 모든 감정과 분노를 통해 이 싸움의 국면을 끝까지 밀어붙였습니다. 하지만 지수사의 전투는 결코 일방적이지 않습니다. 그녀가 진실을 폭로하며 자신의 정당성을 입증하려 했지만, 그 과정에서 민호와의 진실된 사랑이 아닌 감정적인 위안의 관계임이 드러났고,

결국 그녀의 삶 또한 더 큰 혼란과 상처를 남기게 되었습니다.

지수사는 전투를 의미하지만, 승리나 패배보다 중요한 것은 싸움이 어떤 결과를 가져오는지 깨닫는 것입니다. 비서는 채원을 무너뜨리는 데 성공했으나, 그녀 자신도 결국 깊은 상처를 받고 소모적인 싸움의 희생자가 되었습니다. 민호와의 관계도 그녀에게 진정한 행복을 가져다주지 못했고, 자신이 걸었던 길이 파괴적이고 부정적인 방향임을 깨닫게 되었습니다.

지수사는 이렇게 경고합니다. "싸움은 문제를 해결하기 위한 방법일 수 있지만, 그것이 반드시 평화를 가져오는 것은 아니다. 싸움이 가져오는 혼란과 피해를 직시하고, 이를 통해 자기 자신을 돌아보는 것이 필요하다."

지수사는 전투의 끝에서 반드시 자기 성찰을 요구합니다. 비서였던 지연이 내면의 분노와 억압된 감정을 폭발시킨 뒤 그녀에게 남은 것은 깊은 공허와 후회입니다. 그녀가 남편과의 외도를 통해 표출했던 감정적 위안이 진정한 사랑이 아닌 복수의 도구였음을 깨닫고, 결국 진정한 행복과 평화를 찾기 위해 자신의 내면으로 돌아가야 한다는 것을 알게 되었습니다. 싸움을 통해 얻는 것은 순간적 승리뿐이며, 영구적 평화는 오직 내면의 성찰과 진실한 자기 이해를 통해서만 얻을 수 있습니다. 지연은 이러한 깨달음을 통해 앞으로 자신의 삶을 다른 시각으로 바라보고, 더 이상 감정적 분노나 복수가 아닌 진정한 자기 발견과 내적 화해를 추구해야 합니다.

4. 우연히 건물주가 된 반전

위기 뒤 찾아온 기회 / 양극즉음 陽極則陰 (극단에서 반전)

강석과 철민은 고등학교 시절부터 배우를 꿈꾸며 함께 오디션을 보러 다니던 절친이었습니다. 둘은 연기학원에서도 항상 붙어 다니며 서로의 성공을 기원했습니다. 그러나 시간이 흐르며 두 사람의 운명은 완전히 달라졌습니다. 강석은 뛰어난 외모와 재능으로 일찍이 주목받아 스타로 발돋움했지만, 철민은 여러 차례 오디션에서 떨어진 후 꿈을 포기했습니다. 강석의 성공과 함께 두 사람의 우정도 점차 멀어졌고, 결국 연락도 끊기게 되었습니다.

스타 연예인이 된 강석은 40대 초반까지 최고의 전성기를 누렸습니다. 드라마, 영화, 광고를 넘나들며 엄청난 부를 쌓았고, SNS에서는 수백만 팔로워를 거느린 셀럽이었습니다. 그의 삶은 누구나 부러워할 만한 화려함 그 자체였습니다. 하지만 강석의 삶은 한순간에 나락으로 떨어졌습니다. 촬영 뒤 음주운전을 하다 큰 사고를 냈는데, 피해자는 공교롭게도 철민의 어린 아들이었습니다. 강석은 순간의 두려움에 현장을 떠났고, 철민은 곧바로 강석을 경찰에 신고했습니다. 뺑소니 사고는 언론에 대대적으로 보도되었고, 강석은 순식간에 모든 것을 잃었습니다.

멘붕이 된 강석은 곧바로 언론을 통해 매니저가 시키는 대로 철민이 자신을 협박하여 돈을 뜯어내려 한다고 주장했습니다. 하지만 얼마 지나지 않아 철민이 이미 대형 빌딩 여러 채를 소유한 자산가라는 사실이 밝혀졌습니다. 강석의 거짓말은 곧바로 탄로 났고, 대중의 비난은 더욱 거세졌습니다. 모든 방송과 광고 계약이 파기되었고, 강석은 사회적으로 완전히 매장되었습니다.

그 후 강석은 깊은 우울과 분노 속에서 하루하루를 보내고 있었습니다. 그는 초라한 모습으로 편의점에서 술과 담배를 사며 삶을 연명했습니다. 그러던 어느 날 밤, 편의점으로 말쑥한 수트를 입은 낯선 남자가 찾아왔습니다. 남자는 조용히 말을 걸었습니다.

"일당으로 100만 원을 드릴 테니, 제가 시키는 일을 하실 수 있겠습니까?"

강석은 갑작스러운 제안에 의심스럽고 불안했지만, 손에 돈이 너무 없었기 때문에 갈등 끝에 그 제안을 받아들이기로 했습니다.

"…좋아요. 무슨 일이죠?"

남자는 작은 메모지를 내밀었습니다. 종합병원 VIP 병실 번호가 적혀 있었습니다.

"가서, 이 병실에 계신 분을 만나시면 됩니다. 그분이 강석님 팬이세요. 그분께서 직접 만나고 싶어 하십니다."

강석은 무거운 발걸음으로 종합병원으로 향했습니다. 병원 로비에서 엘리베이터를 타고 VIP 병실층으로 올라갈 때까지 그의 마음은 불안과 긴장으로 가득 차 있었습니다. 병실 문을 열자 뜻밖의 익숙한 얼굴이 나타났습니다. 그곳에는 초췌하고 수척해진 모습의 철민이 누워 있었습니다. 철민은 강석을 바라보며 조용히 말했습니다.

"오랜만이다."

강석은 순간 분노와 당황, 죄책감이 한꺼번에 뒤엉켰습니다.

"도대체 뭐하자는 거야? 사람을 이렇게 갖고 놀아?"

철민은 침착하게 대답했습니다.

"내가 직접 찾아갈 수 없어서 그래. 너한테 진짜로 할 말이 있었거든."

강석은 여전히 차갑게 대꾸했습니다.

"무슨 말을 하려는 거야? 나한테 이제 남은 게 뭐가 있다고?"

철민은 잠시 침묵한 뒤 어렵게 입을 열었습니다.

"사실 나, 지금 암 투병 중이야. 시간이 많이 남지 않았다는 이야기를 들었어."

강석은 예상치 못한 철민의 말에 충격을 받고 잠시 말을 잃었습니다.

"그래서 뭐? 어쩌라고?"

철민은 고개를 저으며 조용히 말했습니다.

"네가 나한테 그렇게까지 분노한 건 이해해. 하지만 나도 내 아들이 사고를 당했을 때 정말 힘들었어. 네가 그때 사고 현장에서 도망가지 않고 진심 어린 사과만 했어도, 이렇게까지 되진 않았겠지."

강석은 마음이 복잡해졌습니다. 철민의 힘겨운 모습을 보며 자신의 잘못과 행동에 대한 죄책감이 점점 커졌습니다. 며칠 뒤, 강석은 다시 병원을 찾았습니다. 병실에서 그는 어렵게 말을 꺼냈습니다.

"내가 그때 너와 네 아들한테 정말 돌이킬 수 없는 잘못을 저질렀어. 너를 비난하고 나 자신을 보호하기에만 급급했지. 정말 미안하다, 철민아."

철민은 담담히 대답했습니다.

"이제라도 네가 진심으로 말해줘서 고마워. 사실 너를 신고한 후 나도 많이 힘들었어. 과거 우리가 같은 꿈을 꾸던 시절이 계속 떠올라서 괴로웠거든."

강석은 철민의 옆에서 간병하며 오랜 상처와 갈등을 천천히 풀어나갔습니다. 철민은 건강이 점점 나빠졌지만, 강석과의 대화를 통해 서로의 마음을 깊이 이해하게 되었습니다. 얼마 후 철민은 조용히 제안했습니다.

"강석아, 내가 가진 건물 중 하나를 네가 맡아 관리해줄 수 있겠어? 내 건강이 더 나빠지면 믿고 맡길 사람이 필요해서 그래."

강석은 잠시 고민했지만, 철민의 진심을 받아들였습니다. 그는 철민의 건물 관리를 맡아 조금씩 자신의 삶과 책임감을 되찾았습니다. 강석은 비로소 깨달았습니다. 그의 삶이 무너진 것은 철민 때문이 아니라, 자기 자신의 오만함과 잘못된 선택 때문이었다는 것을. 인생의 가장 밑바닥에서 그는 진정한 운명의 의미를 깨달았고, 삶에서 가장 중요한 것은 성공이 아니라 진정한 관계와 책임이라는 것을 알게 되었습니다. 그렇게 강석은 40대의 가장 깊은 나락에서 새로운 인생의 전환점을 맞았습니다.

양극즉음 陽極則陰

강석은 뛰어난 재능과 외모 덕에 배우로 일찍 성공을 거두며 막대한 명성과 부를 얻었습니다. 그러나 운 코치는 '양극즉음 陽極則陰'이라 하여, 양이 극에 달하면 반드시 음으로 전환된다고 말합니다. 강석은 자신의 성공을 당연하게 여기며 주변 사람들과 관계를 소홀히 했고, 이는 결국 음주운전 사고와 뺑소니라는 결정적 사건을 통해 운이 극도로 나빠지는 계기가 되었습니다. 화려함과 부가 극에 달했기에 급격한 몰락은 더욱 극적으로 나타났습니다. 운 코치는 운은 타이밍과 책임감 있는 선택에 따라 달라진다고 합니다. 강석은 사고 직후 두려움과 책임회피의 선택으로 뺑소니를 저질렀고, 그 결정이 결국 모든 것을 잃게 만든 주요한 원인이 되었습니다. 문제 해결의 타이밍을 놓친 채 책임을 회피한 탓에 그의 운은 통제 불가능한 수준으로 악화되었습니다.

강석은 자신의 잘못을 인정하지 않고 철민이 돈을 노리고 자신을 공격한다고 언론플레이를 벌였습니다. 운 코치는 스스로를 속이고 감정적 합리화를 할수록 운이 음의 흐름으로 빠르게 기울어진다고 말합니다. 강석은 피해의식에 사로잡혀 진실을 왜곡하면서 더 큰 부정적 기

운을 끌어들였고, 그 결과 철민과의 관계를 파괴하는 최악의 상황에 도달했습니다.

그러나 강석의 운은 완전히 끝난 것이 아니었습니다. 운 코치는 '음극즉양陰極則陽'이라고 하여, 음의 흐름이 극에 달하면 다시 양의 기운으로 전환될 수 있다고 말합니다. 인생의 밑바닥에서 철민과의 재회를 통해 자신의 과거를 깊이 반성하고 진정한 사과를 하며 책임을 인정했을 때, 그는 다시 새로운 양의 운을 받아들이기 시작했습니다. 이는 강석이 진정으로 회복할 수 있는 결정적 운명의 전환점이 되었습니다.

한편, 철민의 시각에서 살펴보겠습니다. 철민은 연기자로 성공하지 못하고 일찌감치 꿈을 포기하는 시련을 겪었습니다. 운 코치는 젊은 시절의 실패가 오히려 운의 큰 흐름을 바꾸는 계기가 될 수 있다고 설명합니다. 철민은 자신의 꿈을 접고 현실적으로 다른 길을 선택하면서, 부동산 사업에서 뛰어난 사업적 안목을 발휘해 크게 성공했습니다. 이는 젊은 시절의 좌절(음)이 장기적으로 양(사업 성공)의 운으로 전환된 사례입니다.

철민은 사업적으로 크게 성공했지만, 아들의 사고라는 극심한 시련을 겪으며 다시 음의 운을 경험했습니다. 하지만 그는 아들의 사고라는 고통스러운 상황을 정직하게 마주했고, 문제를 회피하지 않고 책임을 물었습니다. 그는 강석을 신고하는 과정에서 내적으로 큰 괴로움을 겪었지만, 이 책임 있는 선택은 다시 양의 운으로 돌아오는 계기가 되었습니다.

인생에서 사람과의 관계는 운의 흐름을 결정짓는 중요한 요소입니다. 철민은 강석과의 관계 회복을 위해 먼저 손을 내밀었고, 강석을 진심으로 용서했습니다. 이 과정에서 그는 자신이 가진 원망과 상처를 해소하고, 내적 평화를 얻을 수 있었습니다. 그가 마지막으로 강석에게 손을 내민 것은 진정한 인간관계의 회복을 통해 그의 인생에서 음양의 균형을 찾고자 한 시도였으며, 이로 인해 철민의 운은 마지막 순간에 평화와 안정의 방향으로 흘러갔습니다.

강석과 철민은 모두 인생에서 극적인 운의 변화를 경험했습니다. 강석은 성공의 극한에서 책임 회피와 자기합리화로 인해 극도의 음의 기운에 빠졌지만, 결국 진심 어린 반성과 책임의 수용을 통해 다시 양의 흐름으로 나아가는 운명의 전환점을 맞았습니다. 철민은 꿈의 실패라는 음의 상황을 통해 새로운 양의 기회를 얻었고, 이후 아들의 사고라는 큰 시련을 겪었으나, 책임감 있는 선택과 인간관계의 진정한 회복을 통해 최종적으로 운의 균형과 평화를 찾았습니다. 운 코치는 이 두 사람의 운은 고정되지 않고 끊임없이 변화하며, 중요한 선택의 순간에 얼마나 책임감 있게 반응하고 사람들과 관계를 맺느냐에 따라 극적으로 달라질 수 있다고 조언합니다.

음극즉양 陰極則陽

'죽으란 법은 없구나' 라는 말이 있습니다. 세상일이 아무리 힘들고 끝없는 어둠처럼 느껴져도, 막다른 골목처럼 보이는 곳에 다시 새로운 길이 열리는 순간이 있다는 뜻입니다. 이는 '음극즉양(陰極則陽)' 의 운이 흐르는 상황입니다. 음이 극한으로 치닫으면 반드시 다시 양으로 바뀐다는 원리는 동서 고금을 막론하고 지속적인 진리입니다. 쉽게 말해, 한겨울이 아무리 매섭고 길어도 결국은 봄이 오듯이, 깊은 밤이 지나면 다시 해가 떠오르듯이, 운명 역시 최악의 상황까지 내려갔다가 다시 상승하는 순간을 맞이한다는 것입니다. 인생이 잘 풀리지 않을 때는 터널 안을 걷는 것과 같습니다. 아무리 앞을 봐도 끝이 보이지 않고, 칠흑 같은 어둠 속에 있을 때 사람은 쉽게 절망하고 포기하려고 합니다. 그런데 터널이 가장 깊고 어두운 순간이 바로 출구와 가장 가까운 지점이라는 것을 아는 사람은 많지 않습니다. 그때 몇 걸음만 더 내딛으면 환한 빛이 다시 찾아오는 것입니다.

사업이 실패하고 인생의 밑바닥까지 내려갔던 상훈 대표도, 화려한 스타에서 음주운전으로 모든 것을 잃었던 강석도, 인생의 터널 안에서 완전히 포기하지 않고 한 발짝씩 움직였기에 다시 양의 운으로 돌아갈 수 있었습니다. 음극즉양의 가장 중요한 메시지는, 가장 어두운 순간이 오히려 인생의 새로운 시작점일 수 있다는 것입니다. 만약 지금이 가장 힘든 시기라면, 이제 곧 운의 흐름이 바뀔 순간이 가까이 있다는 증거이기도 합니다. 그러니 삶이 힘들 때 '죽으란 법은 없다'고 다시 한 번 마음을 다잡아야 합니다.

운이란 결국 바람과 같습니다. 눈에 보이지는 않지만, 언제나 우리

곁에서 끊임없이 방향을 바꾸며 불고 있는 것이지요. 때론 부드럽고 따뜻하게, 때론 차갑고 거세게 불어옵니다. 중요한 것은 우리가 이 바람을 막거나 무시하는 게 아니라, 현명하게 그 흐름을 타고 움직이는 것입니다. 특히 40대는 인생의 방향을 크게 좌우하는 중요한 분기점입니다. 이 시기의 운은 강물과 같아서, 흐름을 거슬러 싸우려 하면 쉽게 지쳐버립니다. 하지만 강물을 믿고, 그 흐름을 타고 조금씩 조율해 나가면 예상치 못한 곳에서 새로운 가능성을 발견하게 됩니다.

앞서 살펴본 것처럼 운은 결코 단순히 하늘에서 주어지는 선물도, 이미 결정된 숙명도 아닙니다. 운은 우리의 내면에서 시작되어, 사람과 사람 사이의 진실한 관계 속에서 비로소 힘차게 흘러갑니다. 삶의 진정한 의미와 가치를 깨닫고, 스스로를 겸손히 바라볼 때 운의 바람은 다시 부드럽게 당신 곁을 지나갈 것입니다. 지금 당신이 인생의 가장 어두운 밤에 서 있더라도 절망하지 마십시오. 지금이 가장 어두운 순간이라면, 곧 새벽이 찾아올 테니까요. 운의 흐름은 반드시 다시 당신을 향해 불어올 것입니다. 삶에서 가장 소중한 것은 결국 얼마나 높은 곳에 도달했느냐가 아니라, 얼마나 깊이 자신을 이해하고 진정한 관계를 맺으며 살아가느냐에 달려 있습니다. 운명의 흐름을 믿고 두려워하지 마십시오. 운은 결국 흐르고 또 흐를 것입니다. 그것이 자연의 이치입니다. 인위적으로 끊어내지만 않는다면, 누구에게나 공평하게 흐릅니다.

12장

50대

삶을 재정비해
새로운 운을 맞이하라

50대는 인생의 진정한 결산 시기입니다. 젊은 날의 열정과 패기로 달려온 시간들이 차곡차곡 쌓여 하나의 결과물로 드러나는 때이기도 합니다. 이제 누구도 당신을 향해 "가능성"이라는 말로 위로하거나 기대하지 않습니다. 오직 지금까지 만들어 온 결과와 성취, 또는 실패와 좌절로만 평가받게 됩니다. 이 시기에 많은 사람들은 내면 깊은 곳에서 조용한 목소리를 듣게 됩니다.

'나는 지금까지 어떻게 살아왔는가? 이 삶에 과연 만족할 수 있는가?'

50대는 한 인간의 삶에서 가장 깊고 무거운 고민들이 교차하는 시기입니다. 자녀의 성장과 독립이라는 중요한 문제와 함께, 노년으로 접어드는 부모님의 건강과 간병 문제까지 어깨를 짓누릅니다. 또한 그동안 쌓아온 경력과 자산이 충분한지 스스로에게 묻는 시기이기도 합니다.

사회적으로는 아직 은퇴하기엔 이르고, 그렇다고 새로운 도전을 하기엔 조금 늦었다는 불안감에 휩싸이게 됩니다. 성공한 친구들과 자신을 비교하며, 내가 어디쯤 서 있는지 수없이 확인하게 됩니다. 경제적으로도 갈등이 큽니다. 50대에 이르면 충분한 자산을 쌓고 노후를 편안히 준비하는 사람도 있지만, 여전히 빚과 생활비에 쫓기며 절박한 삶을 이어가는 사람도 많습니다. 주변에서는 슬슬 은퇴 후의 여유로운 삶을 이야기하는데, 자신은 아직도 치열한 생존경쟁의 현장에 서 있다면 삶은 더욱 고달프게 느껴질 수밖에 없습니다. 그동안 치열하게 달려온 인생의 끝자락에서 문득 뒤돌아보면, 남은 것은 무엇인지, 그리고 앞으로의 삶을 어떤 가치와 의미로 채워야 하는지 혼란스럽기 마련입니다.

이때 가장 필요한 운은, 삶의 의미를 다시 찾을 수 있게 도와주는 운입니다. 단순히 재정적 안정이나 성공한 자녀만으로는 50대의 고민을 완벽히 해소할 수 없습니다. 오히려 삶에 대한 근본적인 의미를 발견하고, 남은 인생을 진정으로 가치 있게 만들어갈 수 있도록 도와주는 운이 필요합니다. 또한 이 시기에는 관계의 운도 절실히 필요합니다. 50대에 들어서면 진정한 친구, 믿을 만한 동료, 위로가 되는 사람들과의 깊이 있는 관계가 얼마나 소중한지 깨닫게 됩니다. 인생의 무게를 혼자 짊어지기엔 너무나도 무겁고, 그 무게를 함께 나눌 누군가의 존재가 큰 위로와 힘이 됩니다.

하지만 타인과의 관계에서 얻는 위로와 공감도 결국 자신이 먼저 스스로를 인정하고 받아들일 때 진정한 힘을 발휘합니다. 누군가가 "그동안 수고했습니다"라는 말을 해주기 전에, 먼저 자기 자신에게 진심 어린 위로와 격려를 전할 수 있어야 합니다. 삶이 기대만큼 풀리지 않았다고 해서 자신을 비난하거나 자책하지 말고, 지금까지 걸어온 자신의 발자국 하나하나를 따뜻한 시선으로 바라보는 것이 필요합니다.

결국 50대의 운은 "삶의 의미를 찾는 운"과 "진정한 인연의 운"이라는 두 가지 축 위에서 새롭게 출발합니다. 이 시기에 진정으로 필요한 것은 자신을 향한 따뜻한 인정과 위로입니다. 그것이 선행되어야 타인과의 관계도 진정으로 깊어지고, 삶의 가치와 의미도 다시 빛을 발할 수 있습니다. 인생에서 가장 무거운 고민들을 마주하는 이 시기, 먼저 스스로를 따뜻하게 인정하고 위로하십시오. 그 순간부터 당신의 운은 다시금 의미 있는 방향으로 흐르기 시작할 것입니다.

1. 성공 후 길었지만 다시 시작할 수 있는 운

겸손으로 다시 출발하기 / 겸 謙 (겸손의 미덕)

민규는 50대 초반까지 힘든 삶을 살았습니다. 성실했지만 운이 따르지 않았습니다. 그는 평생 여러 직장을 전전했고, 두 번이나 사업에 도전했지만 매번 실패해 막대한 빚만 남겼습니다. 아내와 자식들에게 미안한 마음뿐이었지만, 계속되는 빚 독촉 전화와 생계를 걱정하는 아내의 깊은 한숨에 민규는 더욱 초라해졌습니다. 그는 자신의 인생에서 운이라고는 전혀 찾아볼 수 없다고 생각했습니다.

그러던 어느 날, 건강검진을 받던 민규는 충격적인 결과를 들었습니다. "췌장암 말기입니다. 길어야 1년입니다." 의사의 차가운 한마디가 그의 가슴을 깊이 찔렀습니다. 병원을 나선 민규는 하늘을 보며 망연자실했습니다. 그렇게 힘겹게 살아온 자신의 인생이, 마지막까지 이런 운명으로 끝난다는 것이 너무 억울하고 허무했습니다. 그는 병원 치료를 받을 돈조차 없어 절망 속에서 시간을 보냈습니다. 스스로 생을 마감하기로 마음먹고 있는 돈을 다 털어 마음껏 쇼핑을 하기 시작했습니다. 그런데, 사고 싶은 것도 갖고 싶은 것도 없었습니다. 서러웠습니다. 사고 싶은 것도 갖고 싶은 것도 하나 없는데, 날 위해서 쓰고 싶은 것은 없는데 도대체 왜 그렇게 스트레스 받고 살았을까 싶었습니다.

그가 자살을 결심한 날, 바다로 향했습니다. 최후의 만찬이라고 생각하고 횟집에 들어갔는데 그곳에서 고향친구 만수를 만났습니다. 만수는 횟집을 운영하고 있었습니다. 만수와 회포를 풀다가 속에 있는 이야기를 다 하고 말았습니다. 만수는 민규의 사연을 듣고 깊이 안타까워하며 말했습니다. "민규야, 마지막이라고 생각하고 내 말을 한번 믿어봐라. 내가 아는 약초꾼이 있는데, 죽을 사람도 살리는 신묘한 약초를 다룬다는 소문이 있다." 민규는 처음엔 말도 안 되는 소리라며 거절했지만, 지푸라기라도 잡는 심정으로 친구의 권유에 따라 시골 깊은 산골의 약초꾼을 찾아 나섰습니다.

산속 오두막에서 만난 약초꾼 할아버지는 민규를 한참 동안 바라보며 말했습니다. "병은 마음에서 시작되고, 약초는 그런 병을 달래주는 자연의 선물일세. 자네가 정말 살고 싶다면 자연을 믿고 내 말을 따르게." 민규는 간절한 마음으로 약초꾼의 처방을 따랐습니다. 할아버지가 직접 만든 약초차를 꾸준히 마시고, 산속에서 함께 생활하며 자연의 순리에 몸을 맡겼습니다. 시간이 흐를수록 민규는 몸의 고통이 점점 덜어졌고, 암의 진행도 느려졌습니다.

놀라운 변화는 그것뿐만이 아니었습니다. 민규는 산골 생활 중 약초에 흥미를 갖기 시작했고, 할아버지에게서 약초의 효능과 쓰임새를 하나씩 배웠습니다. 어느새 민규는 약초꾼 할아버지와 함께 직접 산을 다니며 약초를 채취하는 것이 삶의 큰 기쁨이 되었습니다. 약초 생활을 시작한 지 1년이 넘어 민규는 다시 건강검진을 받았습니다. 놀랍게도 그의 병세는 현저히 호전되었고, 의사는 믿기지 않는다는 표정으로 말했습니다. "도대체 어떻게 된 겁니까? 정말 기적이군요."

민규는 그 순간 자신에게 다시 운이 찾아왔음을 깨달았습니다. 그에게 찾아온 암이라는 최악의 운명이 오히려 그의 진정한 인생을 열어준 것이었습니다. 민규는 자신을 살려준 약초의 효능을 널리 알리고 싶었습니다. 그는 약초꾼 할아버지의 도움을 받아 자신의 경험과 약초의 효능을 정리해 소셜미디어와 블로그를 통해 알리기 시작했습니다. 얼마 지나지 않아 그의 진솔한 이야기는 폭발적인 반응을 얻었습니다. 전국 각지에서 민규의 약초를 구하고 싶어하는 문의가 빗발쳤습니다.

민규는 이를 사업으로 발전시켰고, 신뢰를 바탕으로 차근차근 고객을 확보했습니다. 그의 제품은 큰 성공을 거두었고, 민규는 이전과 비교할 수 없을 정도로 큰 성공을 이루었습니다. 그의 삶이 바뀌자 가장 기뻐한 것은 바로 그의 가족이었습니다. 빚을 모두 청산하고 아내와 아이들에게 당당한 가장으로 다시 설 수 있었습니다. 무엇보다 민규는 단순히 경제적 성공을 넘어, 인생에서 진정으로 자신이 원하는 일을 찾은 것에 깊은 보람을 느꼈습니다.

민규는 자신의 블로그에서 이렇게 말했습니다. "인생에서 가장 암담한 순간에, 저는 새로운 운을 발견했습니다. 그 운은 병이라는 최악의 상황 속에서 제가 진정으로 원하는 삶을 찾게 해줬습니다. 운은 결국 우리가 어디에 가치를 두고, 그것을 어떻게 관리하느냐에 따라 달라집니다. 삶은 언제든 다시 시작할 수 있습니다.”

겸 謙

민규의 사례를 '겸손(謙遜)과 순응(謙順)의 지혜'로 해석해 보겠습니다. 운 코치는 음양의 순환뿐만 아니라 삶의 흐름에 '겸손하게 순응'하는 태도를 강조합니다. 민규는 삶의 전반부 동안 열심히 노력했지만, 늘 자신의 의지대로만 삶을 밀어붙이며 성공에 집착했습니다. 이는 운 코치가 말하는 '강한 자아(我執)'가 외부 세계의 흐름과 충돌하는 형태로, 지나친 강함은 오히려 운을 막고 갈등을 부릅니다. 그가 거듭 실패를 경험하고 마지막으로 췌장암이라는 최악의 상황까지 이르게 된 이유는, 자신을 둘러싼 외부의 흐름을 보지 못하고 오직 자기 뜻대로 삶을 통제하려 했기 때문입니다. 운 코치는 이를 '지나친 강건함(過剛)'이라고 표현하며, 이는 운의 흐름을 방해한다고 봅니다.

그러나 민규가 삶의 끝자락에서 만난 약초꾼 할아버지의 삶은 '겸손과 순응'의 철학을 그대로 보여줍니다. 약초꾼 할아버지는 자연의 흐름을 거스르지 않고 그 흐름에 자신을 온전히 맡기고 살아왔습니다. 민규는 할아버지의 삶에서 진정한 지혜를 배웠고, 비로소 자신의 삶을 고집스럽게 밀어붙이는 대신 흐름에 자신을 맡기는 태도로 전환했습니다.

자신을 내려놓고 자연의 흐름에 순응하는 삶을 살기 시작하자 운의 흐름이 달라졌습니다. 자신의 병을 억지로 해결하려 하지 않고, 오히려 그 병을 받아들이고 자연과 조화를 이루며 치유의 길을 열었습니다. 이는 운 코치가 말하는 '겸'의 운과 같이, '자신을 낮추고 겸허하게 처신할 때 오히려 높은 곳으로 올라가는 길이 열린다'는 원리와 일치합니다.

겸의 운은 "겸손하면 반드시 형통한다"고 강조합니다. 즉, 민규가 겸손하게 자신을 낮추고 삶을 바라보는 시각을 바꾸자, 삶의 새로운 가능성이 열리고 더 큰 운이 따라온 것입니다. 운 코치는 '겸손과 순응'의 철학이 결국 인생을 살아가면서 강하게 밀어붙이는 태도보다, 부드럽고 유연하게 삶을 맞이할 때 진정한 운이 활성화된다고 조언합니다.

민규는 강한 의지로만 인생을 개척하려 했던 과거에서 벗어나, 자신의 내면을 성찰하고 자연의 흐름에 자신을 맡기는 태도를 배우면서 진정한 행운을 맞이할 수 있었습니다. 민규의 이야기는 운 코치가 말하는 '겸손과 순응의 지혜'가 운명을 새롭게 만들어가는 또 다른 방법임을 명확하게 보여주는 사례입니다. 뭔가 계속 뜻대로 풀리지 않고 막혀 있다면, '겸謙'의 운 전략이라는 버튼을 눌러 운의 흐름을 바꿔보시기 바랍니다.

2. 삶의 전환점이 된 폐경

삶의 새로운 흐름을 찾기 / 수풍정 水風井 (흐르는 우물물처럼 자유롭게)

　정아의 삶은 늘 가족을 위해 존재하는 것이었습니다. 젊은 날, 대기업에 입사해 인정받던 그녀는 결혼과 함께 망설임 없이 회사를 그만두고 가족의 삶을 뒷받침하는데 온 힘을 쏟았습니다. 그녀는 아이들의 뒷바라지를 철저히 하며 학부모 모임과 봉사 활동에도 빠지지 않았고, 남편이 회사에서 성공할 수 있도록 든든한 지원군 역할을 했습니다.

　하지만 정아가 폐경기를 맞이하면서부터, 그녀가 그렇게 애지중지하던 삶은 흔들리기 시작했습니다. 감정은 예민해졌고, 이유 없는 눈물이 자꾸만 흘렀습니다. 처음엔 그저 지나가는 갱년기의 증상이라고 생각했습니다. 하지만 몸과 마음의 변화보다 더 큰 상처는 가족들의 반응에서 왔습니다.

"엄마 또 시작이야? 짜증 좀 그만 내!"

　성인이 된 딸의 날카로운 말은 정아에게 큰 상처가 되었습니다. '내가 어떻게 낳아 어떻게 키웠는데…' 남편 또한 그녀가 힘들다고 토로할 때마다 귀찮다는 듯 무심한 시선으로 TV만 바라볼 뿐이었습니다.

"당신만 그런 줄 알아? 다들 겪는 거야. 호들갑 떨지 마."

정아는 자신이 온갖 헌신과 희생을 바쳐 일군 가족들에게, 이제는 귀찮은 존재가 되어버린 것 같아 서글펐습니다. 그러던 어느 날, 아침 식탁에서 남편이 갑자기 내뱉은 말 한마디가 정아의 마음을 결정적으로 무너뜨렸습니다.

"요즘 당신 좀 변했어. 짜증도 많아지고, 집안 분위기까지 망치고 있어."

그날 이후, 가족들과의 거리는 더욱 멀어졌고, 집은 그녀에게 숨 막히는 감옥이 되어갔습니다. 잠들지 못하는 밤이 늘어났고, 울음을 참으며 화장실에서 혼자 흐느끼는 날들도 많았습니다. 집안일조차 하기 싫을 정도로 무기력해졌습니다. 그러던 어느 날, 우연히 가족 모임이 있던 날이었습니다. 정아는 폐경기 증상으로 심한 어지럼증을 느껴 주방에서 쓰러졌습니다. 하지만 아무도 그녀를 걱정하거나 돌보지 않았습니다. 남편과 아이들은 각자 스마트폰만 보고 있었고, 그녀가 바닥에서 어렵게 일어나자 딸은 무심히 한마디 던졌습니다.

"엄마, 왜 그렇게 오버야? 피곤하면 좀 쉬어."

그 순간 정아는 자신의 존재가 가족에게 정말 아무 의미가 없다는 걸 뼈저리게 느꼈습니다. 무기력과 절망감 속에서 그녀는 자신에게 물었습니다.

'나는 도대체 무엇을 위해 살았을까?'

그러던 어느 날, 동창회가 열렸고 마지못해 참석한 정아는 그곳에서 친구 지연을 만났습니다. 지연은 해외에서 사업을 성공적으로 운영하며 당당하게 살아가고 있었습니다. 지연의 자신감 넘치는 모습은 정아에게 큰 충격을 주었습니다.

"정아야, 네 인생은 이제부터가 시작이야. 왜 네 자신을 이렇게 놓아버리고 살아?"

그날 지연의 말은 정아의 가슴에 깊은 울림을 주었습니다. 정아는 오랜 시간 자신을 들여다보았습니다. 그녀는 지금까지 가족을 위해 살아온 시간이 후회되진 않았지만, 이제는 스스로를 위해 살아야 한다는 것을 분명히 깨달았습니다. 이튿날, 그녀는 처음으로 가족들의 식사를 챙기지 않고 집을 나섰습니다. 혼자 걷다가 들어간 동네 카페에서 열리고 있던 '50대 여성의 새로운 인생 찾기'라는 강연에서 강사의 말이 그녀의 심장을 때렸습니다.

"여러분의 운명은 누구도 대신 살아주지 않습니다. 여러분 자신만이 여러분의 운명을 바꿀 수 있습니다."

그 강연 이후 정아는 자신의 삶을 변화시키기로 결심했습니다. 그녀는 어릴 적 꿈꿨던 요리를 다시 시작하기 위해 여성센터의 쿠킹 클래스에서 자원봉사를 시작했습니다. 처음엔 서툴렀지만, 오랜만에 느끼는 즐거움과 성취감에 그녀의 삶은 서서히 활력을 되찾기 시작했습니다.

쿠킹 클래스가 점점 인기를 끌면서 정아의 삶은 빠르게 달라졌습니다. 소셜미디어에서 유명한 블로거가 그녀의 수업을 소개하면서, 사람들의 관심이 급증했고, 급기야 투자자가 나타나 쿠킹 스튜디오 개업을 제안했습니다. 정아는 처음으로 망설이지 않고 가족이 아닌 자기 자신을 위해 결정을 내렸습니다. 가족들은 정아의 변화에 처음에는 당황했지만, 그녀가 사업을 성공적으로 일구어가면서 점점 그녀의 선택을 인정하고 존중하기 시작했습니다. 어느 날 남편이 진심 어린 표정으로 말했습니다.

"여보, 이제야 당신이 정말 행복해 보이네. 미안했어. 그리고 정말 잘했어."

정아는 폐경과 함께 찾아온 인생의 어두운 터널을 지날 때는 모든 것이 끝난 줄 알았습니다. 하지만 그 절망과 무관심이 오히려 내면의 그녀를 깨웠습니다. 이제 그녀는 다른 누구도 아닌 그녀 자신을 위해 살아가고 있습니다. 정아에게 폐경은 더 이상 끝이 아니라, 진정한 자신을 발견하고 새로운 운명의 문을 열게 한 기회였습니다. 그녀가 찾은 운은 외부의 인정이나 환경이 아닌, 오로지 자신을 진심으로 마주할 수 있는 용기에서 비롯된 것입니다.

정아의 삶이 바로 이 우물과 닮아있습니다. 그녀는 수십 년간 가족
이라는 주변 사람들에게 아낌없이 자신의 에너지와 정성을 공급했습
니다. 자녀와 남편의 성공을 위해 헌신적으로 물을 길어 올렸지만, 정
작 자신의 내면의 우물을 들여다보거나 관리하지 않았습니다. 그렇게
스스로를 방치한 채 살아온 결과, 폐경기와 함께 찾아온 심리적 혼란
과 가족의 무관심 속에서 우물은 메말라버렸고, 내면의 삶은 고갈되었
습니다.

하지만 수풍정은, 우물이 메마른다고 하여 끝이 아니라 새로운 물길
을 찾고 우물을 깊게 파서 다시 물이 솟게 만들 수 있다는 가능성도 보
여줍니다. 정아가 스스로에게 질문하고 진정한 자신을 발견하기 시작
한 순간, 그녀는 새로운 우물을 파기 시작한 것입니다. 타인의 인정과
가족의 무관심에 더 이상 상처받지 않고, 오로지 자기 자신을 위해 내
면을 깊이 파고들어 진정한 삶의 가치를 발견했습니다.

새롭게 파낸 우물에서 맑은 물이 솟듯이, 정아는 쿠킹 클래스와 자

신만의 사업을 통해 잃었던 에너지를 회복하며 다시금 풍성한 삶을 누리게 되었습니다. 가족의 인정과 외부 환경이 아니라 내면에서 솟아나는 진정한 기쁨과 자신감을 얻은 것입니다. 결국 정아에게 수풍정 운은 단순히 소진과 희생을 의미하지 않고, 스스로 우물을 깊이 파서 마르지 않는 내적 자원을 발견할 수 있는 가능성을 상징합니다. 외부의 인정이 아닌 내면에서 우러나는 진정한 자기 가치를 발견할 때, 삶은 결코 메마르지 않고 다시 풍성한 물길을 찾게 되는 것입니다. 운은 그렇게 다시 순환하게 됩니다. 누구도 자신의 운을 대신 길어 올려줄 수 없습니다.

인생은 60부터라는 말이 있지만, 50대부터 운의 흐름을 바꿔야 60대에 원하는 삶을 살 수 있습니다. 세 사례가 공통적으로 전하는 메시지는 분명합니다. 진정한 운은 스스로의 내면에서부터 피어나고, 자신의 선택과 결단으로 비로소 완성됩니다. 50대의 운은 이전의 운과는 명백히 다릅니다. 인생의 한복판을 지나 이제 마지막 결실을 준비하는 이 나이에는 더 이상 타인의 인정이나 외부의 화려함에 기대서는 안 됩니다. 외부에서 오는 성공, 사회적 평가, 가족의 기대와 같은 운들은 점차 힘을 잃고 무의미해집니다. 반면 자신만의 진정한 삶의 의미를 깨닫고, 오로지 스스로의 내면에서 우러나오는 가치와 행복을 향한 선택이 가장 강력한 운으로 자리 잡게 됩니다.

50대에 얻어야 할 운의 특성은 명확합니다. 그것은 바로 내면의 진정성과 자기 주도성입니다. 이 시기에는 외부에서 제공되는 운을 기다리는 것이 아니라, 스스로 창조하고 주도적으로 만들어가는 운이 필요합니다. 인생의 오랜 경험을 바탕으로 진짜 원하는 것이 무엇인지 깊이 성찰하고, 과감한 결단과 실행을 통해 그 운을 자신만의 것으로 만들어야 합니다. 50대에 비로소 자신이 누구이고, 무엇을 원하며, 어떤 삶이 진정으로 가치 있는지 명확하게 볼 수 있는 시야가 열리는 것입니다.

반대로, 이제는 반드시 끊어야 할 운도 있습니다. 바로 타인의 시선과 사회적 평가에 지나치게 의존하는 운입니다. 남들과의 비교, 타인의 인정, SNS에서 드러나는 화려한 외형에 흔들리는 마음은 더 이상 삶의 주인이 될 수 없습니다. 타인의 시선에서 벗어나 내면의 목소리를 따르지 않는 한, 인생은 계속 공허하고 불만족스러울 수밖에 없습니다.

50대는 더 이상 미숙한 자아로 남아 있어서는 안 됩니다. 이 타이밍을 놓치면 다시는 기회가 오지 않을 수도 있습니다. 타인의 평가에서 완전히 자유로워지고, 진정으로 자신의 삶을 책임지고 창조해야 하는 시기에 인생의 가치를 더 이상 남에게 맡기지 말고, 온전히 스스로의 중심에서부터 운의 흐름을 만들어가야 합니다. 자신의 선택과 결단으로 운을 재구성할 때, 인생 후반부는 비로소 진정한 성취와 행복으로 빛나게 될 것입니다.

13장

60대 이후
당신의 경험이
가장 큰 밑천이다

당신이 60대에 접어든다면, 그때의 꿈은 무엇이 될까요? 우리의 내면에 흐르는 운은 언제나 꿈을 향해 움직입니다. 꿈이 명확하지 않을 때는 마음 한쪽이 무겁고 답답해집니다. 많은 사람들이 부자가 되기 위해 평생을 투자하지만, 막상 큰 부자가 되었다해도 자신이 평생 간직했던 꿈이 흔들리는 시기가 바로 60대입니다.

60대는 삶의 방향을 뚜렷하게 잡지 못하면 막연한 불안감에 빠지기 쉬운 나이입니다. '나는 무엇을 위해 이렇게 살아왔을까? 앞으로 남은 시간을 어떻게 보내야 할까?'라는 질문이 끊임없이 마음을 두드립니다. 젊은 시절엔 '운명'이라는 말이 그저 막연하고 추상적이었지만, 이 나이가 되면 자신의 삶과 선택 하나하나가 곧 나의 운명이었음을 깊이 깨닫게 됩니다. 더불어, 예상치 못했던 수많은 만남과 사건들이 모여 내 인생의 운명을 완성했다는 사실도 자연스레 인정하게 됩니다.

하지만 이 인정을 하는 순간, 더 깊은 갈등과 혼란에 빠지게 됩니다. 과연 그 선택이 옳았던 것인지, 돌이킬 수 없는 길을 건넌 것은 아닌지 고민합니다. 60대는 이런 질문들을 더 이상 회피할 수 없습니다. '그때 그 선택을 하지 않았더라면 지금 내 삶은 달라졌을까?'라는 후회의 감정이 수시로 내면을 괴롭히기도 합니다.

60대의 운은 '관계'와 깊이 연결되어 있습니다. 사회적 지위나 직업에서 물러나면서 인간관계도 크게 변화합니다. 자녀들은 각자의 삶을 살아가기 바쁘고, 배우자와의 관계는 깊어지기보다 서먹해지며, 친구들과의 관계도 소홀히 하면 금세 멀어져 버립니다. 결국 '누구와 함께 어떻게 살아가야 하는가?'라는 문제가 운명의 중심으로 떠오릅니다. 삶의 진정한 가치는 결국 사람과 사람 사이의 관계 속에서 빛이 납니다. 관계의 중심을 잃는 순간, 운명의 흐름도 끊기고 맙니다.

오늘날 60대의 현실은 모순적입니다. 대한민국 시니어 자산이 4,000조 원을 넘지만 OECD 국가 중 노인 빈곤율 1위라는 차가운 현실이 이를 말해줍니다. 기대수명이 100세 시대를 넘어서는 상황에서 60대는 삶의 마무리가 아니라 오히려 새로운 시작을 준비해야 하는 때입니다. 단지 오래 사는 것이 아니라, 앞으로 30년을 어떻게 의미 있고 가치 있게 살아갈지를 치밀하게 계획해야 합니다.

이제는 60대의 운 역시 그 어떤 나이대보다 전략적으로 관리해야 합니다. 곱게 늙는 것을 넘어 인생의 의미와 새로운 가능성을 탐색하고 창출하는 적극적인 선택이 필요합니다. 지금까지 쌓아온 경험과 지혜를 활용해 스스로의 삶을 풍요롭게 만들고, 사회에도 가치를 제공하는 역할을 찾아야 합니다. 60대의 운명은 더 이상 남은 생을 그저 버티며 보내는 것이 아니라, 자신이 진정으로 원하는 삶을 새롭게 창조하는 인생의 하이라이트 시즌이 될 수 있기 때문입니다. 그렇다면 다시 질문합니다. 60대의 당신은 꿈이 무엇일까요? 이 질문에 대해 내면에서 명확한 답을 찾고, 그것을 향해 운명의 흐름을 바꿀 수 있는 용기를 가져야 합니다. 지금까지의 삶이 어떻게 흘러왔든, 지금부터의 운명은 오직 당신의 선택과 결단에 달려 있기 때문입니다.

1. 관계가 끊어진 후 가족을 찾은 이야기

잃어버린 관계 회복하기 / 풍화가인 風火家人 (가족의 따뜻함)

60대가 된 동우는 젊었을 때 누구보다 밝고 활달한 사람이었습니다. 은행에서 오랫동안 근무하며 후배 직원들과도 잘 어울렸고, 선후배 모두에게 신망이 두터웠습니다. 하지만 퇴직 후 몇 년 사이 동우의 삶은 급격히 변화하기 시작했습니다. 퇴직 초반에는 아직 친구들도 자주 만나고, 동창회도 활발했습니다. 하지만 시간이 흐를수록 하나둘씩 연락이 끊겼습니다. 어떤 친구는 세상을 떠났고, 어떤 친구는 병원 신세를 졌으며, 또 다른 친구들은 손주들을 돌보느라 여념이 없었습니다. 자녀들 역시 완전히 독립해 찾아오는 날이 드물었고, 아내와의 대화마저 점점 줄어들었습니다. 동우는 하루 종일 거실에 앉아 텔레비전만 보는 날이 많아졌습니다.

무엇보다도 동우에게 충격을 준 사건은 아들과의 대화에서였습니다.

"집 산다며? 대출 받아야겠네. 내가 좀 알아봐줄까? 아빠자 지점장 출신이잖아. 내가 본점에서도 인정하는 대출왕이었다고! 말해봐. 내가 도움이 될 거야."

아들이 무심히 말했습니다.

"됐어요, 아빠. 요즘은 클릭 한 번이면 다 되는데 뭐 하러 그래요. 그냥 쉬세요."

이 말은 동우에게 엄청난 충격이었습니다. 평생을 쌓아온 경험과 노하우가 한순간에 무용지물이 되는 것 같았습니다. 세상은 이미 빠르게 변화했고, 자녀들은 더 이상 부모의 지혜를 필요로 하지 않았습니다. 심지어 손주들조차 고민이 생기면 AI에게 먼저 질문하는 시대가 되었습니다. 동우는 그때부터 점점 고립감과 무력감에 빠지기 시작했습니다. 혼자 방에 앉아 스마트폰으로 SNS를 뒤적여 봤지만, 친구들의 화려한 일상을 보며 더 외로워졌습니다. '나는 이제 아무 쓸모도 없어진 걸까?' 하는 자괴감이 커졌습니다. 그러던 어느 날, 중학교 동창인 준성이가 전화를 걸어왔습니다.

"동우야, 나도 요즘 너무 심심하고 답답한데, 같이 동네 공원에서 산책이나 하자."

처음엔 귀찮았지만, 동우는 준성을 만나러 공원으로 향했습니다. 오랜만에 만난 준성과 이야기를 나누자, 준성 역시 비슷한 고민을 하고 있었습니다.

"동우야, 얼마 전에 손자가 고민을 AI랑 이야기하는 걸 봤는데 너무 충격이었어. 나한테는 그런 이야기를 한 번도 털어놓지 않는데 말이지."

동우 역시 속마음을 털어놓았습니다.

"나도 그래. 평생을 쌓아온 경험이 AI보다 못하다는 사실을 인정하기가 너무 힘들어."

두 사람은 자신들의 상황이 크게 다르지 않다는 사실에 묘한 위로를 느꼈습니다. 이후 둘은 함께 작은 모임을 만들었습니다. 모임 이름은 『진짜 어른들의 이야기 모임』이었습니다. 인공지능이 줄 수 없는, 살아 있는 사람들끼리의 진정한 관계를 추구하는 모임이었습니다. 처음 몇 번은 어색했지만, 점차 솔직한 이야기들이 오가기 시작했습니다. 어느 날, 모임에서 친구 한 명이 농담처럼 말했습니다.

"우리끼리만 얘기하기엔 아까운데, 젊은 친구들도 이런 얘기를 들으면 좋지 않을까?"
"누가 옛날 사람들 이야기를 듣겠어? 쓸데 없는 소리 하고는..."
"쓸데가 왜 없어?"

동우가 불끈했습니다. 예전 같으면 핀잔을 하는 편에 섰겠지만 이번에는 달랐습니다. 동우는 다음날부터 휴대폰으로 자신의 이야기를 찍어 유튜브에 올리기 시작했습니다. 제목은 『60대의 진짜 인생 이야기』였습니다. 처음엔 그저 어색한 영상이었지만, 점점 그의 진솔한 이야기에 공감하는 사람들이 늘어났습니다.

"아저씨 이야기를 들으니까 우리 아빠 생각이 나요. 정말 감사해요."

"진짜 살아 있는 이야기를 듣는 것 같아요. 자주 올려주세요."

동우는 세상과 다시 소통하는 법을 발견한 것입니다. 그는 더 이상 고립된 노인이 아니라 많은 사람들과 관계를 맺으며 살아있는 운을 다시 흐르게 만들었습니다. 운이 멈추고 말라버리는 순간은, 바로 자신이 쓸모없다고 느끼고 아무것도 하지 않기로 결정한 그때였습니다. 지금 동우는 매일 아침 누군가에게 들려줄 이야기를 생각하며 눈을 뜹니다. 한때 끝났다고 생각했던 그의 운은 이제 다시 힘차게 흐르고 있습니다. 동우가 깨달은 운의 비밀은 이것이었습니다.

풍화가인 風火家人

풍화가인은 '가정의 화목', 즉 가정과 인간관계의 중심에서 진정한 화합과 소통을 이루는 것을 강조하는 운입니다. 이는 단순히 가족의 화목만을 뜻하는 것이 아니라, 인간관계와 소통의 중요성을 강조하며, 삶의 중심축이 결국 관계 안에 있다는 것을 의미합니다.

동우가 은퇴 후 외로움과 고립감에 빠졌던 이유는 관계의 중심이 무너졌기 때문입니다. 과거 은행에서 근무할 때는 그가 주도적으로 관계를 맺었고, 많은 사람들의 존경과 신뢰를 받았습니다. 그러나 은퇴 후에는 그런 인간관계의 연결고리가 단절되면서, 동우의 운도 급격히 정체되었습니다. 이것은 풍화가인의 운이 말하는 중심의 '불火'이 약해지고, 주변 사람들과의 소통風이 단절되는 상황과 같습니다. 인간관계가 끊어지면, 운의 흐름 또한 정체되고 말라버립니다.

동창 준성의 연락은 단순한 만남이 아니라, 관계 속에서 다시 운이 흐르게 하는 계기가 됩니다. 준성과의 만남으로 동우는 '관계'라는 운의 중요성을 다시 깨닫습니다. 이 과정은 풍화가인 운에서 불火을 다시 피우는 과정과 같습니다. 잃었던 화합과 소통의 불씨가 친구와의 우연한 만남을 통해 다시 점화된 것입니다.

동우가 유튜브를 통해 자신의 이야기를 적극적으로 전하며 사람들과 다시 소통하게 된 것은 운의 상징과 정확히 부합합니다. 풍화가인은 "가정人을 이루는 것"을 넘어 "사람들 간의 진정한 소통과 교류를 이루는 것"까지 포함합니다. 동우가 관계 속에서 자신의 존재감을 다시 찾고 사람들에게 경험과 지혜를 나누는 순간, 그의 운은 급격히 회복됩니다. 이는 풍화가인이 말하는 이상적인 상태, 즉 내면의 따뜻한 불火을 중심으로 외부의 활발한 소통風이 이뤄지며 전체적으로 조화를 이루는 상태입니다.

풍화가인의 궁극적인 메시지는 결국 모든 운이 "관계 속에서 꽃피고 회복된다"는 것입니다. 관계를 소홀히 하고 자신이 쓸모없다고 자포자기하면, 불火은 꺼지고 바람風의 소통도 멈추어 운명은 정체됩니다. 반대로 관계의 중심을 다시 잡고, 적극적으로 주변과 소통하며 진심을 나누면 불씨는 다시 살아나고, 그로 인해 운명의 흐름도 다시 살아 움직입니다. 동우의 삶은 바로 이러한 풍화가인의 원리로 다시 꽃피었습니다. 그가 스스로를 쓸모없는 존재로 인식하는 순간 모든 운이 멈추었지만, 다시 관계와 소통을 찾는 순간 내면의 불이 다시 타오르며 운의 흐름을 회복한 것입니다. 내가 쓸모없다고 느낀 순간 모든 운은 멈춰버립니다. 하지만 다시 누군가와 연결되는 순간, 그 운은 언제든 다시 살아나 흐릅니다. 운은 스스로에게 의미를 부여하고 세상과의 관계를 유지하는데서 새롭게 시작됩니다. 나이는 숫자에 불과하다는 말, 운이 흐름이 있는 사람들에겐 해당 되는 말이지만 반대의 경우에는 해당 되지 않는 말입니다.

2. 돈에 대한 집착이 불러온 불운

잘못된 집착 놓아버리기 / 택천 澤天 (겉보기엔 그럴듯하지만 서서히 붕괴됨)

순태는 어릴 때부터 돈을 버는 데 남다른 재능이 있었습니다. 가난한 시골에서 태어난 그는 악착같이 공부하고 일하며 자수성가했습니다. 20대에 작은 부동산 중개업소로 시작한 사업은 점차 커져, 60대에는 수백억 원대의 자산가가 되었습니다.

순태에게 돈은 곧 힘이자 존재 이유였습니다. 돈으로 사람을 움직일 수 있다고 믿었고, 이는 가족도 예외가 아니었습니다. 특히 아내에게 돈을 무기 삼아 철저히 통제했습니다. 자신의 뜻을 조금이라도 거스를 때마다 생활비를 끊거나 신용카드를 정지시키며 협박했습니다. 아들 정호는 어린 시절부터 어머니가 돈 앞에서 무릎 꿇는 모습을 보며, 아버지에 대한 분노를 키워왔습니다.

그러던 어느 날, 아내가 병원에서 췌장암 말기 판정을 받았습니다. 순태는 겉으로는 의사 성진의 손을 붙잡고 절박하게 말했습니다.

"선생님, 제발 방법을 찾아서 아내를 살려주세요. 돈은 얼마든지 쓸 수 있습니다. 제발 부탁드립니다." 아내는 그래도 남편밖에 없구나 싶었습니다. 아들 또한 아버지가 웬일이지? 싶었습니다. 하지만 그날 밤, 순태는 은밀히 그 의사를 다시 찾아가 현금이 든 두툼한 봉투를 건넸습니다.

"사실 제 아내는 가망이 없다는 걸 압니다. 괜히 치료한다고 시간과 돈을 낭비하지 마시고, 최대한 빠르고 고통 없이 보내주십시오. 잘 부탁드립니다."

의사는 잠시 머뭇거렸지만, 결국 순태가 내민 돈을 받고 말았습니다. 몇 년 후, 정호는 순태 몰래 그 의사의 딸 수영과 결혼했습니다. 수영은 유일하게 자녀들 중에 의사가 되지 못한 딸이었습니다. 장인의 집에서 우연히 오래된 금고를 정리하던 중, 정호는 현금이 든 봉투와 짧은 메모를 발견했습니다. 봉투에는 순태의 이름이 있었고, 메모에는 분명히 이렇게 적혀 있었습니다.

『빠르고 고통 없이 부탁합니다.』

정호는 충격과 분노로 몸이 떨렸습니다. 아버지가 어머니의 생명을 돈으로 거래했다는 사실을 알게 된 것입니다. 그는 결코 아버지를 용서하지 않겠다고 다짐했습니다. 그리고 그 일을 도운 장인 또한 용서하지 않겠다고 마음먹었습니다. 정호는 장인의 재산을 활용하여, 은밀히 투자회사를 설립하고 재력을 키워갔습니다. 투자 실적이 기대 이상으로 나타나자, 장인은 대만족을 하며 정호의 말이라면 무조건 신뢰하게 되었습니다.

정호는 아버지와 장인에 대한 복수를 차분히 준비했습니다. 그는 장인의 재산을 발판 삼아 설립한 투자회사를 급성장시키며 막대한 자금을 확보했습니다. 시간이 흐를수록 장인은 정호에게 모든 자산 관리와 병원 운영까지 맡겼고, 정호를 절대적으로 신뢰하게 되었습니다. 정호는 아버지에게도 신임을 얻기 시작했습니다. 사업을 성공시키는 정호를 보면서 순태는 뿌듯했습니다. 자신을 꼭닮은 아들이 너무나 자랑스러웠습니다. 이후, 자신의 모든 정보를 공유하고 후계자로 삼기로 마음먹고 회사의 문제점까지 낱낱이 공개했습니다.

마침내 때가 왔습니다. 정호는 아버지 순태의 부동산 투자회사를 적대적 M&A로 인수했고, 곧 회사를 산산조각으로 분해해 자산을 모두 매각했습니다. 평생을 바쳐 일군 사업체가 무너지는 모습을 보며 순태는 절규했습니다.

"정호야, 어찌 아비한테 이럴 수가 있느냐? 내가 널 먹이고 입히고 공부시키고! 너한테 얼마를 투자했는데!"

정호는 냉담하게 대답했습니다.

"그 투자 제가 권한 건 아니지 않습니까? 스스로 한 선택인데. 돈 앞에 가족 따위 없는 거 아버지가 가르쳐 주셨잖습니까. 빠르고 고통없이 보내드리겠습니다. 그래도 투자해주셨는데 길바닥에 나앉게는 안 해드릴게요."

이어 정호는 장인이 평생을 바쳐 운영했던 병원도 헐값에 팔아치워 처분했습니다. 병원이 매각된 사실을 알게 된 장인은 충격을 받아 쓰러졌습니다. 정호의 아내는 처음엔 정호에게 격렬히 항의했습니다.

"당신, 어떻게 우리 아버지한테까지 이럴 수가 있어? 아버지에게 병원이 어떤 의미였는지 알면서 이래?"

"맨날 의대 못갔다고 아버지한테 무시받고, 오빠한테 치였으면서 무슨 정이 남아있다고 그래? 나 아니었으면 니 오빠한테 다 빼앗겼어. 고마운 줄 알아!"

정호는 두바이에 준비한 고급 저택과 화려한 생활을 보여주며 아내를 설득했습니다. 화려한 명품과 럭셔리한 저택, 끝없는 돈의 유혹 앞에 아내의 분노는 곧 사그라졌습니다. 마지막으로 정호는 아버지 순태와 장인을 같은 요양원으로 보냈습니다. 평생 돈을 최고로 여기고 사람을 돈으로만 판단했던 두 사람은 노년을 함께 보내면서 서로를 원망하고 저주하며 살아가게 되었습니다. 정호는 두바이로 출국하기 전 마지막으로 요양원을 찾아가 두 사람을 만나 말했습니다.

"돈으로 시작한 당신들의 운명, 돈 때문에 이렇게 끝나는 겁니다. 모두가 돈 때문에 꼬였죠. 덕분에 저도 이렇게 됐습니다. 돈으로 맺은 인연끼리 오붓하게 여생을 살아보세요."

정호는 그렇게 요양원을 떠났습니다. 그는 두바이로 가는 비행기 안에서 창밖을 바라보며 쓸쓸한 미소를 지었습니다. 돈은 그를 화려한 성공의 정점으로 올려놓았지만, 동시에 가족이라는 가장 소중한 운명과 관계까지 모두 꼬이게 만든 독이 되어버렸습니다. 결국, 돈으로 시작된 그의 인생과 운은 돈으로 인해 모두 파괴된 채 허망한 결말을 맞이하게 된 것입니다.

택천 澤天

순태의 운은 운 코치가 말하는 택천 澤天의 형상과 비슷합니다. 택천은 양 陽이 극에 달해 음 陰을 몰아내려는 형세를 나타내는데, 겉으로는 성공과 풍요가 가득하지만 내면에서는 음의 세력이 서서히 붕괴하고 있습니다. 순태는 돈에 대한 집착으로 모든 것을 밀어붙이며 양의 에너지를 극도로 확대했습니다. 하지만 양이 극에 이르면 반드시 음으로 전환됩니다. 결국 그는 자신이 그렇게도 집착했던 돈과 권력으로 인해 가족과의 관계가 붕괴되고, 마지막에는 자신이 몰아냈던 음(가족, 인간관계, 정)이 다시 강력하게 역습하여 비극으로 끝나고 말았습니다. 택천이 경고하듯, 극도의 집착과 지나친 탐욕은 결국 자기 자신마저도 몰락시키는 결과를 초래합니다. 순태의 운명은 바로 그런 과도한 양적 에너지(돈과 권력)에 집착하다가, 결국 모든 것을 잃고 파멸한 사례입니다.

끝나지 않은 혼란, 정호의 사례

··· 화수미제(火水未濟) 운

정호의 운은 화수미제(火水未濟)의 운으로 풀이할 수 있습니다. 미제는 '완성되지 않음'을 의미하며, 불과 물이 서로 반대 방향으로 가려는 형국을 나타냅니다. 정호는 분노와 복수심이라는 불(火)과, 그 불을 끄려는 감정적 혼란과 고통의 물(水)이 뒤엉켜 끝없는 내적 갈등 속에 빠지게 되었습니다. 그는 아버지와 장인을 향한 복수를 실행했고, 결국 물질적 성공을 거뒀지만, 내적으로는 결코 화해되지 않은 상태입니다. 정호는 아버지와 장인에게 복수하는 데 성공했지만, 그로 인해 자기 인생의 중심마저 흔들리게 만들었습니다. 이는 화수미제가 뜻하는 바대로 "표면적 성공은 얻었으나 내면의 혼란은 결코 끝나지 않는다"는 점을 상징합니다. 정호가 택한 길은 결국 인생의 조화를 무너뜨리고 스스로 끝없는 미완의 갈등 속에 남겨지게 만든 운명이었습니다.

잘못된 관망의 대가, 성진의 사례

···› 풍지관(風地觀) 운

정호 장인 성진의 운명은 풍지관(風地觀)의 운으로 해석할 수 있습니다. 풍지관은 '관찰', '지켜봄'을 의미합니다. 성진은 의사로서 순태의 부도덕한 요청을 묵인하고 방관했습니다. 그는 선악의 경계를 알면서도 돈의 유혹 앞에서 자신이 믿는 윤리를 포기했고, 결국 방관자가 되어 비극을 불러왔습니다. 성진은 처음부터 끝까지 결코 주도적으로 악을 행한 것은 아니지만, 도덕적 책임을 방기한 관찰자로서 결국 자신도 정호에게 철저하게 이용당하고 몰락하는 대가를 치르게 되었습니다. 풍지관의 운은 결국 '지켜보기만 하며 행동하지 않은 사람'이 그 무책임한 관망의 결과로 인해 결국은 똑같은 파멸을 맞게 된다는 교훈을 줍니다.

결론적으로 순태, 정호, 성진의 운명은 각자 다른 운으로 풀이할 수 있지만, 모두 '돈'이라는 강력한 힘 앞에서 본래의 균형과 조화를 잃고 말았습니다. 순태는 돈에 집착하며 스스로를 파괴했고, 정호는 돈을 도구 삼아 복수했지만 결국 마음의 평화를 잃었으며, 장인은 돈 앞에서 도덕적 판단을 포기하다가 관망자의 비극을 맞이했습니다.

운 코치는 조언합니다. '돈이라는 외형적 힘에 지나치게 집착하면, 결국 삶의 균형과 조화를 잃고 운명이 꼬이게 된다.' 이 사례를 통해 우리는 삶의 진정한 균형과 내적 평화를 추구하는 것이 얼마나 중요한지 다시 한번 깨닫게 됩니다.

수영은 겉으로는 안정되고 풍족한 환경에서 자랐습니다. 의사인 아버지를 둔 덕분에 부족함 없는 환경 속에 자라면서도 내면적으로는 심각한 결핍을 느꼈습니다. 유일하게 의사가 되지 못한 딸로서, 늘 가족들에게 인정받지 못하고 열등감을 품고 있었습니다. 이는 산화비가 나타내는 표면적인 아름다움과 내면적 공허의 대비와 일치합니다.

그녀가 정호의 가족 내에서 벌어진 사건에 휘말리게 된 것은, 내면의 결핍을 채우기 위한 잘못된 선택에서 비롯되었습니다. 정호를 만나 사랑을 찾았다고 생각했으나, 실상 그녀의 선택은 감정적 결핍과 가족으로부터의 인정 욕구에서 비롯된 일종의 도피였습니다. 수영은 정호를 통해 자신의 가치를 증명하고 가족에게 복수하려는 무의식적인 욕구를 품고 있었습니다. 이는 산화비가 경고하는 '겉모습만으로 판단하여 내면을 돌보지 않는 위험'을 뜻합니다. 남편 정호가 장인의 병원을 팔아버리고, 아버지를 요양원에 보내는 비극적 상황에서도 수영은 처음엔 충격을 받지만, 결국 두바이의 고급 저택과 화려한 삶의 유혹 앞에 마음을 쉽게 바꿉니다. 이 역시 산화비의 핵심을 나타내는 장면입니다. 내면의 가치나 진정한 관계의 중요성보다, 외면적인 아름다움과 풍요에 쉽게 매혹되는 태도가 그녀 삶의 근본적인 약점으로 드러나고 있습니다.

끝없이 위태로움 속에서 표류, 수영의 사례

···· 산화비(山火賁) 운

산화비(山火賁)의 운은 겉이 화려하고 아름답지만 내면은 공허하거나 실속이 없음을 상징하는 운입니다. 이는 외면적인 아름다움이나 번영에 가려진 내면적 결핍이나 위태로움을 나타냅니다. 표면적으론 문제가 없는 듯 보이나, 본질적으로 위기가 숨어 있어 언제든 무너질 가능성이 존재합니다.

산화비는 결국 '겉모습만으로는 진정한 행복을 얻을 수 없으며, 반드시 내면적 성숙이 필요하다'고 경고합니다. 수영은 겉으로 화려한 삶을 얻었지만, 이는 언제든 무너질 수 있는 위태로운 기반 위에 서 있습니다. 그녀가 내면의 결핍과 진정한 자아를 회복하지 못하는 한, 화려함은 언제든지 파국을 맞을 가능성을 품고 있는 것입니다. 산화비는 결국 수영의 삶에 중요한 교훈을 제시합니다. 외적 아름다움과 성공만을 추구하며 내면의 문제를 방치하면, 삶의 기반은 약해지고 운은 쉽게 붕괴될 수 있습니다. 그녀에게 필요한 것은 표면적인 화려함이 아니라 내면적 성찰과 진정한 가치의 추구입니다. 이를 깨닫지 못하면, 그녀의 삶은 끝없이 위태로움 속에서 표류하게 될 것입니다.

3. 인생의 참의미를 찾아가는 이야기

취미로 새 운을 짓기 / 뇌풍항雷風恒 **(성실한 노력, 변함없는 진심, 꾸준한 관계)**

경수는 평생 자신이 특별한 사람이라고 생각한 적이 없습니다. 중소기업에서 30년 넘게 근무하며 임원까지 올랐지만, 퇴직하는 순간 그는 자신이 그저 평범한 중년의 한 사람일 뿐이라는 사실을 실감했습니다. 퇴직 후 몇 년 동안은 카메라를 들고 여행하며 소셜미디어에 멋진 풍경 사진을 올렸지만, 시간이 흐를수록 마음은 점점 공허해졌습니다. 어느새 60대 초반을 맞이한 그는 문득 자신이 아무런 쓸모도 없는 사람이 된 듯한 느낌이 들었습니다. 자녀들은 각자의 삶으로 바빠졌고, 아내마저도 친목 모임으로 자주 집을 비웠습니다. 혼자 남은 경수는 긴 하루를 보낼 때마다 외로움과 공허함을 달래기 위해 술잔을 기울였습니다.

어느 날, 그런 경수를 찾아온 것은 고교 시절 친구였던 민철이었습니다. 오랜만에 만난 친구의 표정은 어두웠습니다.

"경수야, 부탁이 있는데 들어줄래? 아버지가 말기암이야. 얼마 못 사실 것 같아… 영정사진이라도 제대로 찍어드리고 싶어서 그래. 부탁할 사람이 너밖에 없어."

경수는 친구의 말에 선뜻 대답하지 못했습니다. 지금까지 풍경이나 꽃 같은 아름다운 것만 찍었는데, 죽음을 앞둔 사람의 사진이라니 부담스러웠습니다. 하지만 민철의 간곡한 눈빛을 외면할 수 없었습니다. 며칠 후, 경수는 친구의 집을 방문했습니다. 민철의 아버지는 거실 의자에 앉아 조용히 창밖을 바라보고 있었습니다. 깊게 주름진 얼굴과 마른 손등에서 삶의 끝자락이 느껴졌습니다. 어색한 분위기 속에 경수는 촬영 준비를 하며 조심스럽게 말을 걸었습니다.

"어르신, 살아오신 이야기 좀 들려주시면 안 될까요?"

어르신은 처음엔 말이 없었지만, 카메라 렌즈 뒤로 보이는 경수의 진지한 눈빛에 이끌려 점차 자신의 삶을 조심스럽게 풀어놓기 시작했습니다. 한때 가난한 집안에서 어렵게 공부해 교사가 되었고, 제자들을 위해 평생을 바쳤던 이야기를 들려주었습니다. 때로는 웃으며, 때로는 눈물을 참으며 추억을 털어놓았습니다. 어르신의 이야기를 듣는 동안 경수의 가슴은 뜨겁게 차올랐습니다. 단순히 사진 한 장이 아니라, 한 사람의 삶과 진심을 담는 일이라는 것을 그 순간 처음 깨달았습니다. 촬영을 마친 후 어르신은 떨리는 목소리로 말했습니다.

"고마워요. 내 인생 이야기를 진심으로 들어준 사람은 당신이 처음인 것 같아요."

며칠 뒤 민철이 SNS에 올린 아버지의 영정사진과 그 뒷이야기는 순식간에 큰 반향을 일으켰습니다. 수많은 댓글이 달렸고, 사람들은 경수의 사진을 통해 깊은 위로를 받았다고 말했습니다. 얼마 지나지 않아 다른 이들로부터 연락이 빗발쳤습니다.

"우리 아버지의 사진도 부탁드려도 될까요?"
"어머니가 돌아가시기 전에 꼭 찍고 싶습니다."

처음에는 부담스러웠지만, 경수는 이 일을 피하지 않았습니다. 촬영할 때마다 사람들은 자신의 삶을 그에게 털어놓았습니다. 그들의 이야기에 함께 눈물을 흘리면서, 경수는 이것이 자신의 운을 더 가치 있게 만들어주는 흐름이라는 것을 깨달았습니다. 어느 날, 젊은 시절 유명한 사업가였던 90대 노인의 촬영을 마쳤을 때였습니다. 그 노인은 사진을 확인하며 조용히 물었습니다.

"자네는 인생이 무엇이라고 생각하나?"

경수는 망설이다가 답했습니다.

"잘 모르겠습니다. 어르신..."

노인은 미소를 지으며 말했습니다.

"60이 넘었는데도 인생을 모른다니, 그게 말이 되나? 인생은 결국 사람과의 만남이야. 삶의 마지막까지 진정으로 이야기를 나눌 수 있는 사람들이 곁에 있다는 건 그 자체로 행운이지."

이 말은 경수의 가슴을 깊게 울렸습니다. 노인이 떠난 후, 경수는 영정사진 촬영을 계속 이어갔습니다. 촬영한 사람들의 인생 이야기를 영상으로 편집해 유튜브에 올리기 시작했습니다. 그의 영상은 진심이 담긴 메시지 덕분에 많은 사람의 마음을 움직였고, 얼마 지나지 않아 구독자 수가 급속도로 늘어났습니다. 하지만 그에게는 인플루언서가 된다는 것이 중요하지 않았습니다. 그저, 수많은 사람들의 삶과 죽음 앞에서 경수는 비로소 깨달았습니다. 자신이 가진 진짜 운은 사람들의 마지막 순간에 진심으로 귀 기울이고 공감하며, 그것을 세상과 나누는 것이었다는 것을 말입니다. 사람들의 운을 이어주는 역할을 하게 된 그는 이제 더 이상 외롭지 않습니다. 60대의 경수는 이렇게 말합니다.

"저는 인생이 그저 허무하다고만 생각했었습니다. 하지만 이제 알게 되었습니다. 세상을 함께 살아가는 사람들의 이야기, 그 이야기의 중심에 있는 것은 바로 그들의 간절한 바람이라는 것을요. 운은 결국 사람의 바람이고, 그 바람은 사람과 사람을 이어줍니다. 저는 그 소중한 연결을 사진으로 담고 전하면서 제가 운이 좋은 사람이라고 느끼게 되었습니다."

뇌풍항 雷風恒

뇌풍항(雷風恒)은 천둥(雷)이 위에서 울리고 바람(風)이 아래에서 계속 불어오는 것을 상징하며, 끊임없는 지속성과 한결같음을 의미하는 운입니다. 이는 삶에서의 지속적이고 성실한 노력, 변함없는 진심, 그리고 꾸준한 관계의 중요성을 나타냅니다. 경수의 인생은 처음엔 평범하고 공허한 듯 보였습니다. 중소기업에서 30년을 일하며 평범하게 살다 퇴직 후 자신의 존재 의미를 상실하고 방황했습니다. 그러나 그는 뜻하지 않게 친구 아버지의 영정사진을 찍는 일을 통해 뇌풍항 운이 나타내는 '지속적인 진심과 성실함'의 힘을 깨닫게 됩니다.

처음엔 부담스럽고 낯선 일이었지만, 경수는 영정사진 촬영을 단순히 사진을 찍는 행위로 여기지 않고 사람들의 진심 어린 이야기를 경청하는 과정으로 이해했습니다. 이 진정성 있고 꾸준한 경청이 사람들과의 새로운 관계를 형성하게 했으며, 이는 그의 삶을 지속적이고 긍정적인 방향으로 이끌었습니다. 운 코치는 "뇌풍항은 지속적인 정성과 진심을 가지고 임하면 결국 그 일이 새로운 운명으로 이어진다"고 설명합니다. 경수는 지속적으로 사람들의 삶을 진심으로 대하면서 새로운 인생의 의미를 발견하게 되었습니다.

경수가 만나 사진을 찍었던 어르신들의 인생도 뇌풍항 운으로 설명됩니다. 이들은 모두 각자의 삶에서 꾸준한 노력과 인내로 삶을 살아왔습니다. 비록 화려하지 않더라도, 평생을 성실하게 살아온 그들의 인생은 '항상성(恒)'의 진정한 의미를 담고 있습니다. 특히 영정사진 촬영이라는 행위는 어르신들에게 삶의 마지막을 정리하고, 진심으로 자신의 삶을 회고하며 스스로를 수용하는 과정이었습니다.

　운 코치의 관점에서 경수와 어르신들의 만남은 우연이 아니라, 뇌풍항이 상징하는 "지속적인 순환과 연결"의 운명적 만남이었다고 볼 수 있습니다. 어르신들이 오랜 삶의 경험을 지속적으로 쌓아왔기에, 그들의 이야기는 깊고 진실되었으며, 경수는 그 지속성에 진심으로 응답하여 새로운 삶의 길을 열었습니다. 이는 운 코치가 말하는 "진정한 항恒은 서로가 연결된 관계 속에서만 이루어진다"는 것을 보여줍니다. 경수는 사진을 찍고 영상을 제작하는 것을 통해 어르신들의 인생을 세상과 연결하는 매개자가 되었으며, 이 과정에서 그는 자신의 새로운 운명을 구축하게 되었습니다.

　삶은 지속적인 진심을 통해 이어지고, 그렇게 맺어진 진심 어린 관계는 새로운 운의 흐름을 열어줍니다. 경수가 평생의 경험을 바탕으로 어르신들을 한결같은 진심으로 대했을 때, 사그러지던 그의 운도 새롭게 변화하기 시작했습니다. 어르신들 또한 경수와의 만남을 통해 자신들의 삶이 의미 있게 기록되고 전해지면서, 지속적으로 새로운 운의 파동을 만들어갔습니다. 결국, 경수와 어르신들의 만남은 진심 어린 관계가 서로의 운을 얼마든지 새롭게 창조할 수 있음을 보여줍니다.

Lesson 4.

운을 계획하고
현실로 만드는
작동 원리

보이지 않는 운을
내 것으로 만드는 법

운을 계획하고
지속하는 방법

1. 비상식적인 행운은 없다

앞서 살펴본 것처럼 인생에는 저마다 운이 흐르는 시기와 역할이 있습니다. 영유아기부터 시작해 10대, 20대, 30대, 40대, 50대, 그리고 60대까지 이어지는 인생의 단계마다, 우리의 운은 누군가에 의해 소비되거나 스스로 소비하기도 합니다. 영유아기에는 부모가 아이의 운을 책임지며, 10대에는 부모와 친구, 사회의 기대 속에서 운이 소비됩니다. 20대는 자립과 독립을 목표로 스스로 운을 사용하기 시작하고, 30대는 결혼과 가정의 형성으로 새로운 운을 창조하거나 기존의 운을 재구성하는 시기입니다. 40대가 되면 인생의 성공과 실패가 분명히 드러나 자신과 가족이 함께 운을 소비하게 됩니다. 50대에는 내면 깊숙한 결단과 자아의 재정립으로 스스로 운을 능동적으로 관리해야 하며, 60 대가 되면 사회적 관계를 새롭게 구축하며 운을 적극적으로 순환시켜야 하는 단계가 찾아옵니다.

결국 운은 결코 고정된 것이 아니라는 사실을 깨우칠 수 있습니다. 운명이란 외부 환경이나 타인에 의해 결정되는 것이 아니라, 자신의 내면과 선택, 그리고 삶을 대하는 태도에 따라 달라질 수 있습니다. 우리가 흔히 '좋은 운'이라고 부르는 행운 역시 마찬가지입니다. 운은 수동적으로 기다리는 것이 아니라, 자신의 내면을 능동적으로 들여다보고 끊임없이 관리할 때 비로소 현실에서 꽃피울 수 있습니다. 많은 사람들은 타인의 인정, 사회적 평가, 혹은 물질적 성취가 자신의 운을 결정짓는다고 착각하지만, 인생에서 운을 가장 적극적으로 소비하고 결정짓는 주체는 바로 '나 자신'입니다. 따라서 운을 다른 사람에게 맡기거나 방치해서는 결코 안 됩니다. 삶의 어느 단계에 있더라도 스스로 운을 선택하고 관리할 수 있어야 진정한 의미의 삶을 살 수 있게 됩니다.

하지만 안타깝게도 많은 사람들은 여전히 운을 현실적이고 일상적인 개념이 아닌, 비상식적이고 극적인 행운으로 생각합니다. 복권 당첨이나 주식의 갑작스러운 성공처럼 한순간에 삶을 바꿔놓을 드라마틱한 행운을 기다립니다. 현실에서 이런 극적인 행운은 극히 드물게 일어나며, 많은 사람들은 실현 가능성이 낮은 운을 기다리다가 결국 실망과 후회를 반복하며 살아갑니다. 운을 무작정 기다리는 대신, 스스로 내면의 무의식을 명확하게 바라보고 적극적으로 관리하는 것이 현실에서의 성공과 행복에 훨씬 더 가깝다는 사실을 인지하지 못한 채 말입니다.

사람들은 중요한 결정을 할 때 자신이 이성과 합리성을 충분히 사용한다고 믿지만, 실제로는 그렇지 않은 경우가 많습니다. 중요한 결정을 내린 후에조차 "내가 왜 그런 선택을 했지?"라며 혼란과 후회를 느끼는 이유는, 삶의 중요한 순간에마저 의식적 판단보다 무의식적 흐름과 습관에 의해 움직이기 때문입니다. 의식적으로는 가장 합리적인 선택을 했다고 생각하지만, 실제 우리의 선택을 결정짓는 것은 내면 깊숙이 숨어있는 무의식의 습관과 패턴, 그리고 감정과 직관입니다. 실제로 많은 성공한 사람들의 사례를 살펴보면, 그들이 단순히 운이 좋아 성공했다고 말하기 어렵습니다. 대부분의 성공한 사람들은 자신의 무의식적 습관과 부정적인 사고 패턴을 끊임없이 점검하고 개선했습니다. 그들은 비상식적인 행운을 기다리기보다는 스스로의 무의식을 명확히 이해하고 적극적으로 관리함으로써 삶에서 원하는 운을 창조했습니다. 즉, 운은 외부에서 갑작스럽게 찾아오는 것이 아니라, 자기 내면에 존재하는 것임을 인정해야 합니다. 무작정 외부에서 찾아올 행운을 기다리는 것은 물가에서 물고기가 스스로 뛰어오르길 기다리는 것과 같습니다. 반면 자신의 무의식을 적극적으로 관리하고 활용하는 사람은 물속에 직접 그물을 던지고 물고기가 잡히기를 기다리는 사람과 같습니다. 이렇게 운을 능동적으로 관리하는 사람은 삶을 수동적으로 받아들이지 않고 주도적으로 자신이 원하는 삶을 만들어갈 수 있습니다.

우리의 무의식은 오랜 기간 쌓인 경험과 습관, 어린 시절부터 받은 교육과 환경 속에서 형성된 자동화된 프로그램입니다. 무의식은 우리의 행동과 감정, 그리고 결정을 은밀하게 좌우합니다. 무의식적으로 반복되는 부정적 습관과 사고 패턴은 우리의 삶을 불행하게 만들지만, 긍정적이고 유익한 습관은 우리를 성공과 행복으로 이끌어줍니다. 원하는 삶을 살기 위해서는 무의식 속에 자리 잡은 부정적 습관을 끊고, 긍정적이고 새로운 무의식적 습관을 의도적으로 형성해야 합니다.

무의식적 습관을 바꾸는 방법 역시 운의 메커니즘 4단계를 활용할 수 있습니다.

- **첫째, 위기의 감지 단계입니다.**
  내면과 외부에서 다가오는 리스크를 민감하게 포착하고 미리 대비해야 합니다.

- **둘째, 본질의 명확한 판단 단계입니다.**
  감지된 위기의 본질이 무엇인지 정확히 파악하여 잘못된 판단과 낭비를 방지해야 합니다.

- **셋째, 즉각적이고 강력한 실행 단계입니다.**

  본질을 명확히 파악했다면 더 이상의 망설임 없이 빠르고 결단력 있게 행동으로 옮겨야 합니다.

- **마지막으로, 지속 가능한 순환 단계입니다.**

  한 번의 성공이나 위기 극복에 안주하지 않고, 정기적인 자기점검과 피드백을 통해 지속적으로 운의 흐름을 관리하고 개선해 나가야 합니다. 흔히 선택은 의식적으로 이뤄진다고 생각하지만, 대부분의 선택은 무의식의 흐름 속에서 결정된다는 사실을 반드시 기억해야 합니다. 우리의 인생에서 운을 결정짓는 가장 큰 요소는 바로 무의식의 습관과 사고 패턴입니다. 때때로 떠오르는 부정적인 생각들은 의도하지 않았음에도 불구하고 우리 삶에 불운을 불러오는 계기가 됩니다. 그러므로 자신의 무의식을 명확히 이해하고 적극적으로 활용하는 사람은 더 이상 비상식적 행운을 기다리지 않아도 됩니다. 내 무의식을 내 삶의 든든한 조력자로 활용할 수 있다면, 나는 비로소 운명의 진정한 주인이 될 수 있습니다. 이제 더 이상 막연히 운을 기다리지 말고, 무의식을 관리하고 능동적으로 활용하여 내가 원하는 운을 스스로 만들어야 합니다. 삶의 주도권을 쥔 사람은 바로 나 자신이기 때문입니다.

이를 위해 오늘 당장 하루 5분만이라도 자신의 생각과 감정을 돌아보고, 부정적인 무의식적 습관을 발견했다면 긍정적인 생각과 행동으로 즉시 바꾸려는 작은 노력을 시작해 보십시오. 이러한 일상 속의 작고 구체적인 실천들이 쌓일 때, 우리는 진정한 운의 창조자로서 원하는 삶을 자기 주도적으로 살아갈 수 있게 될 것입니다.

2. 운 차트로 운을 경영하는 방법

운의 관리는 성과를 기록한 정량적 지표와
정성적 지표를 통찰하는 데서 시작한다

운의 품질을 제대로 관리하기 위해서는 정량적 지표와 정성적 지표로 나누어 기록하고 점검할 필요가 있습니다. 정량적 지표는 숫자나 데이터로 명확히 측정할 수 있는 것들입니다. 예를 들어 수입 증가율, 자산 성장률, 사업의 매출액 증가, 건강 지표 등이 여기에 포함됩니다. 반면 정성적 지표는 숫자로 표현할 수 없지만 삶의 질을 결정하는 중요한 요소들입니다. 인간관계의 질, 삶에 대한 만족도, 자존감과 내적 평화, 가족과의 관계 등이 이에 해당합니다.

이 두 가지 지표를 함께 사용하면 운을 훨씬 명확히 점검할 수 있습니다. 특히 정성적 지표가 충분히 충족되지 않은 채 정량적 성과만을 추구하면 결국 삶의 공허함과 불행을 느낄 수밖에 없습니다. 따라서 주기적으로 자신의 운을 이 두 지표를 통해 점검하고 관리해야 합니다.

운 코치는 음과 양의 조화를 중요하게 여깁니다. 이는 운을 평가하는 데도 똑같이 적용된다는 것을 알아야 합니다. 운을 평가하고 관리하는 데는 두 가지 지표, 즉 정량적 지표(양적)와 정성적 지표(음적)가 필요합니다. 정량적 지표는『주역』의 양陽과 같이 외형적이고 가시적인 성과로, 금전적 수입, 자산의 증가, 사업의 규모와 같은 수치로 나타납니다. 이는 객관적이고 즉각적인 판단을 가능하게 하지만, 그것만으로 인생의 진정한 가치를 측정할 수는 없습니다.

반면 정성적 지표는 음陰의 영역으로, 눈에 보이지 않는 내적 가치와 의미를 담고 있습니다. 삶의 만족감, 가족과의 관계, 내적 평화와 같은 정성적 요소들은 삶의 깊은 곳에서 진정한 행복과 균형을 유지하는 데 반드시 필요한 요소입니다. 운 코치는 양적 성과만 추구하고 음적 가치를 소홀히 하는 삶을 경계하며, 결국 이는 균형을 잃고 운명의 흐름에서 이탈하게 만든다고 경고합니다.

운 코치의 관점에서 볼 때, 정량적 지표와 정성적 지표는 음양의 관계로 반드시 조화를 이루어야 합니다. 정량적 성과가 뛰어나더라도 정성적 가치가 부족하면 결국 삶의 공허함을 느끼고, 반대로 정성적 가치만 추구하고 현실적 성과를 무시하면 삶의 안정과 번영을 유지하기 어렵습니다. 따라서 운을 기록하고 평가할 때는 이 두 지표를 음과 양의 원리에 따라 균형 있게 고려하고, 정기적으로 이 조화를 점검하고 수정하는 과정을 반드시 수행해야 합니다. 이것이 바로 운 코치가 조언하는 운의 관리법입니다. 음과 양은 서로 상반되지만 결코 분리될 수 없는 상호 보완적인 존재로서, 삶의 다양한 측면에서 균형을 유지해야 한다는 핵심 철학을 담고 있습니다. 음陰은 내적인 가치, 내면의 평화, 정서적 만족과 같은 내적이고 정서적인 부분을 의미하며, 양陽은 외부적인 성취, 물질적 풍요, 사회적 인정과 같은 외적이고 물리적인 요소들을 상징합니다. 『주역』은 이 두 가지 요소가 서로 완벽하게 조화를 이루었을 때 삶이 안정적이고 지속 가능한 성공을 거둘 수 있다고 강조합니다. 즉, 어느 한쪽으로만 지나치게 편중된 삶은 장기적으로 균형이 무너지게 되고, 결국 운의 흐름을 방해하여 진정한 성취에 이르지 못한다는 것입니다.

이 책은 토정 이지함이 품었던 뜻처럼, 여러분이 운을 진단하고 흐름을 읽어 스스로의 삶을 원하는 방향으로 개척하도록 돕기 위해 쓰였습니다. 승진 좌절·투자 실패·반복되는 갈등과 매출 하락으로 고민하는 분들께 저는 '운을 경영하는 구체적 방법'을 제시하려 합니다. 다만 운의 메커니즘을 제대로 활용하기 위해서는 다음의 세 가지 실천이 필요합니다.

첫째, 지금 내 운이 상승장인지 하락장인지 쉽게 확인할 수 있는 '나의 운 차트'를 매일 작성해야 합니다. 자기 전에 단 3분만 내서 하루를 돌아보며 간단히 기록하는 습관부터 시작하면 됩니다. 운 차트는 다음과 같은 간단한 질문으로 매일 점검할 수 있습니다.

상승장 확인	최근 내 결정이 기대보다 성과가 좋은가?
하락장 확인	최근 내 결정이 기대보다 성과가 나쁜가?

둘째, 운이 좋을 때와 나쁠 때 각각 어떻게 행동해야 하는지 그 차이를 명확하게 정리한 '순방향과 역방향 기준표'를 매일 점검해야 합니다. 순방향과 역방향 기준표는 다음과 같은 간단한 질문으로 스스로 점검할 수 있습니다.

운의 흐름	상황 예시	행동 기준
순방향 (상승)	투자 기회가 자주 보이고 성과가 좋다	적극적으로 추가 투자하고 더 큰 목표를 세운다
역방향 (하락)	예상과 다르게 자꾸 일이 꼬이고 실수가 잦다	새로운 결정을 보류하고, 휴식과 재충전에 집중한다.

셋째, 내 선택과 결과를 꾸준히 기록하고 데이터로 분석하여 더 좋은 선택을 할 수 있게 하는 습관을 만들어야 합니다. 이를 위해 다음과 같은 간단한 질문에 대한 답변을 매일 기록하고 점검합니다. 운 차트는 하루에 딱 3분만 내서 작성하고, 매일 같은 시간(예: 자기 전 밤 10시)에 하고 잠에 드는 습관을 들이면 더 꾸준히 할 수 있습니다.

기록방법	상황 예시	활용 방법 및 효과
하루 3줄 일기	결정 : 오늘 부동산 매입 계약을 했다 결과 : 한 달 내 잔금 전략으로 3% 추가 할인을 받았다 교훈 : 매도인의 성향, 운의 상황을 파악하고 전략적으로 협상하라	간단한 기록으로 나의 선택과 결과를 명확히 점검하고, 비슷한 상황에서 더 나은 판단, 실행력을 높일 수 있음

주간 운 차트	매주 일요일 저녁, 한 주 동안의 주요 결정과 결과를 한 페이지로 정리하여 노트에 기록함	새로운 결정을 보류하고, 휴식과 재충전에 집중한다.
월간 운 차트	매월 마지막 주 일요일 저녁, 1개월 동안의 주요 결정과 결과를 한 페이지로 정리하여 노트에 기록함	나의 선택과 운의 흐름을 한눈에 살펴보며, 어떤 결정이 유효했고 어떤 선택이 아쉬웠는지를 되돌아볼 수 있다.
분기별 운 차트	매 분기별 마지막 주 일요일 저녁, 해당 분기 동안의 주요 결정과 결과를 한 페이지로 정리하여 노트에 기록함	이러한 과정을 통해 같은 실수를 반복하지 않으려는 노력이 쌓이면서, 더 나은 선택을 할 가능성 또한 높아지게 된다.
반기별 운 차트	매 반기별 마지막 주 일요일 저녁, 해당 분기 동안의 주요 결정과 결과를 한 페이지로 정리하여 노트에 기록함	
연간 운 차트	매 년 연말 마지막 주 일요일 저녁, 해당 분기 동안의 주요 결정과 결과를 한 페이지로 정리하여 노트에 기록함	운 역시 반복된 선택의 결과이기에, 이러한 기록과 점검은 운을 경영하는 핵심이 된다.

운은 관리하는 자의 편에 선다

운이란 결코 있어도 그만, 없어도 그만인 옵션이 아닙니다. 운은 내 삶의 방향을 알려주는 설계도이며, 언제든 수정하고 재구성할 수 있는 살아있는 자산입니다. 이제부터 두려움 대신 탐험을, 의심 대신 확신을, 누군가를 무작정 따라가는 대신 창조를 선택하며 자신의 운을 능동적으로 설계하십시오. 매일의 삶 속에서 관찰하고, 덜어내고, 변화시키고, 새롭게 쌓아 올리며 자신만의 방식으로 운을 활용하는 과정을 반복하다 보면, 어느 날 문득 '요즘 내 인생이 꽤 잘 풀린다'는 놀라운 순간과 마주하게 될 것입니다. 그 순간 당신은 깨닫게 될 것입니다. 운이란 결코 우연이 아니라 내가 스스로 끌어당기고 창조한 결과라는 것을 말입니다. 진정으로 운을 창조하고 싶다면, 저자가 실천해온 다음의 8계명을 메모하여 매일 밤 자기 전에 작성하고 10번 반복해 소리 내어 읽어보십시오. 이것이 바로 당신의 무의식 속에 운을 만들어내는 새로운 프로그램을 설치하는 효과를 가져다줄 것입니다.

데일리 운 액션노트

〈데일리 운 액션 노트〉는 운을 창조하고 관리하기 위한 8계명을
매일 삶 속에서 꾸준히 실천할 수 있도록 도와줍니다.
하루를 마무리할 때, 아래 질문에 대한 답을 직접 써보고 점검해 보세요.
매일 꾸준히 반복하면 당신의 무의식이 24시간 좋은 운을 자동으로 만드는 역할로 전환 될 것입니다.

제1계명 : 언제나 환경을 탐색하고 기록하십시오.

낯선 길, 새로운 만남, 익숙하지 않은 언어 속에 운의 작은 씨앗들이 숨어 있습니다.
운은 언제나 일상의 작은 호기심과 새로운 탐색에서 비롯됩니다. 기록하지 않으면
잊게 됩니다.

제2계명 : 미션을 매일 재검토하고 기록하십시오.

어제 품었던 목표가 오늘도 여전히 뜨거운지 매일 자신에게 질문하십시오. 목표의
열정이 식는 순간 운의 에너지도 함께 식습니다. 매일 밤 운차트를 반드시 작성하십
시오. 운이 좋을 때나, 좋지 않을 때나 먹고 자고 숨 쉬듯 습관적으로 반복하십시오.

제3계명 : 부정적 편견을 완전히 버리고

'할 수 있다', '된다' 고 기록하십시오.

"안 된다"는 말은 스스로 운의 문을 닫는 행위입니다. 오직 가능한 것에 집중하고, 그
가능성의 데이터베이스를 확장하면 운을 여는 열쇠는 결국 내 손에 쥐어집니다.

제4계명 : 말 한마디가 현실을 움직인다고 믿으십시오.

언어는 현실을 만드는 가장 강력한 도구입니다. "나는 당연히 할 수 있습니다"와 같은 말들이 결국 당신의 운명을 결정짓습니다. 생각을 글로 쓰고 말로 해보십시오.

제5계명 : 나의 운을 전적으로 믿으십시오.

의심은 운을 갉아먹는 독소입니다. 스스로에게 "나는 운이 좋은 사람이다"라고 선언하는 순간, 그 말이 실제 삶 속에서 진실로 구현됩니다.

제6계명 : 때로는 남의 운에 올라타십시오.

내 삶에 필요한 귀인을 능동적으로 찾아가십시오. 책 열 권을 읽는 것보다, 제대로된 귀인과의 단 한 번의 만남이 내 운의 방향을 완전히 바꿀 수 있습니다. 의도적으로 내가 만나서 멘토 삼아야할 귀인을 떠올리고 그와의 만남을 상상하고 현실로 만들어보시기 바랍니다.

제7계명 : 매일 운의 성과를 평가하십시오.

"오늘 내가 만들어낸 운은 무엇인가?"를 기록하고 매일 반복해 읽어보십시오. 운을 측정하는 순간부터 운을 만드는 행동도 자연스럽게 개선됩니다.

제8계명 : 작은 운을 꾸준히 쌓고,
내 운을 필요로 하는 사람에게 흘려보내십시오.

작고 미세한 행운들이 복리로 증식됩니다. 운이란 흐르게 해야만 새로운 운이 들어올 공간이 생깁니다. 내가 가진 운을 나누고 순환시키는 것이 현명한 운 관리의 핵심입니다. 운을 기다리지 말고, 능동적으로 관리하십시오. 그때 비로소 운은 당신의 편에 서서 당신이 원하는 인생을 향해 기꺼이 길을 열어줄 것입니다.

실천 TIP

자기 전 이 〈데일리 운 액션노트〉를 침대 곁에 두고 꼭 한 번씩 체크하고 기록합니다. 기록한 내용대로 이룰 변화된 자신의 모습을 시각화하세요. 당신이 이 액션 노트를 통해 꾸준히 운을 관리하고 창조한다면, 머지않아 당신은 분명 원하는 대로 운을 만들 수 있는 능력자가 될 것입니다.

운으로 만들고 싶은
'당신 인생의 마지막 장면'은
무엇입니까?

삶에서 진정으로 이루고 싶은 마지막 장면을 명확하게 상상하는 것은 삶의 모든 방향과 선택을 좌우하는 강력한 무의식적 원동력이 됩니다. 대부분의 사람들은 자신이 원하는 인생의 마지막 장면을 깊이 생각하지 않고 막연한 기대와 두려움 속에서 하루하루를 살아갑니다. 그러나 이런 막연한 상태에서는 무의식이 제대로 작동할 수 없습니다. 무의식은 뚜렷한 방향과 명확한 목표가 있을 때만 비로소 그 목표를 향해 강력하게 움직이기 때문입니다.

무의식은 우리가 의식하지 못하는 순간에도 늘 작동하며, 생각과 행동을 결정합니다. 하지만 모호하거나 추상적인 목표에는 제대로 반응하지 않습니다. 내가 원하는 인생의 마지막 장면이 선명하게 그려질 때, 무의식은 그 목표를 성취하기 위한 강력한 에너지를 자동으로 발산합니다. 예를 들어 필자의 경우, 막연히 '부자가 되고 싶다'는 바람보다는, '대한민국의 부자들이 모인 가장 높은 빌딩에서 그들과 교류하며 매일 성장하는 나'를 구체적으로 상상한 것이 무의식을 움직여 현실의 운으로 이끄는 데 더욱 효과적이었습니다.

제가 실버타운의 서비스를 벤치마킹하기 위해 최고의 서비스를 제공한다는 이 공간에 입주하면서 깨달은 가장 큰 것은 화려한 외형보다 그들을 품격 있게 지원하는 스태프들의 태도였습니다. 이들은 단지 카운터에서 기다리지 않고 먼저 다가와 따뜻한 미소와 품격 있는 응대를 제공합니다. 변함없이 품격을 유지하며 사람들에게 성공의 운을 전달하는 그들의 모습을 보며 깊은 감사함과 송구함을 동시에 느꼈습니다. 그들의 품격 있는 태도는 내 안의 더 큰 성공을 향한 욕구를 강력히 자극했습니다.

제가 꿈꾸는 마지막 장면은 현대판 성주로 살아가는 것입니다. 저는 대구 서가 전첨공파 28대손으로, 정성왕후 서씨의 후손으로 태어나 나라에서 하사받은 많은 토지를 가문의 자산으로 물려받았습니다. 6.25 전쟁 전까지만 해도 우리 가문은 경기도 양평 용문사 인근에 99칸짜리 큰 집에서 많은 사람들과 어울려 살았다는 이야기를 어릴 적 수도 없이 들었습니다. 어린 저는 그 집터를 바라보며 '이 많은 사람들이 어떻게 함께 살고 협력했을까?'를 상상했습니다. 그러나 아이러니하게도 그 시절은 아버지의 사업 부도로 인해 가난에 허덕이던 때였습니다. 하지만 제 가슴 속에 심어진 씨앗은 언젠가 이 꿈을 다시 현실로 만들겠다는 강력한 마음으로 자라났습니다.

제가 꿈꾸는 마지막 장면의 '성'은 단지 화려한 건축물이 아닙니다. 그곳은 사람과 사람을, 세대와 세대를 연결하는 운의 중심이자 진정한 소통의 공간이 될 것입니다. 품격 있는 스태프들과 함께 사람들의 성장을 돕고, 평생을 수고한 시니어들의 삶을 더 건강하고 행복하게 만드는 세계적 수준의 실버타운을 대한민국 서울에 만들어가는 것이 제 모든 운을 담아 그려 나갈 마지막 장면입니다.

이제 여러분에게 진심으로 묻습니다.
여러분이 꿈꾸는 인생의 마지막 장면은 무엇입니까?
오늘 여러분의 작은 결정 하나가 그 장면과 연결되어 있습니까?

운은 무작정 기다리는 것이 아닙니다.
무의식이 내가 원하는 삶을 간절히 바라도록 설계하고 매일 매일 실천할 때, 비로소 운은 내 곁에 찾아옵니다.

결국, 자신이 꿈꾸는 마지막 장면은
오늘의 작은 용기와 선택이 쌓여 만들어지기 때문입니다.
나의 운은 내면에서 시작되어

세상 속으로 흘러갑니다.
내가 창조한 이 운의 흐름은
다른 사람들에게 희망과 가능성으로 전해지고,
더 나은 미래를 밝히는 강력한 빛이 될 것입니다.

힘들고 어려운 순간,
스스로 원하는 인생의 마지막 장면을 떠올려 보십시오.
매일의 작은 선택이 최종 목표와 연결되도록 꾸준히 노력하면,
당신의 무의식은 가장 빠르고 정확한 길을 찾아줄 것입니다.

운은 타인이 아닌 당신의 내면에서 시작됩니다.
그 흐름이 나를 넘어 세상으로 순환할 때
우리 삶은 더욱 풍요로워지고,
이 풍요로움은 자연스럽게 다음 세대로 전달되어
더욱 의미 있고 아름답게 이어질 것입니다.

지금, 당신 안에서 흘러나오는 운의 파동을 믿고
과감히 선택하십시오.
당신이 만든 운의 흐름이 다음 세대까지
더욱 가치 있고 아름답게 이어지길 진심으로 기원합니다.

언제라도 운의 4 여신—럭Luck, 페이트Fate, 오퍼튜니티Opportunity, 포춘Fortune—을 자유자재로 당신의 삶에 불러낼 수 있는 '운의 진정한 능력자'가 되시기를 기원합니다.

2025년 5월 어느 날.
당신의 운 덕분에 우주에서 가장 운이 좋은 남자가 된
서태양.

Daily Luck Action Note

〈데일리 운 액션 노트〉에 당신의 운을 기록해보세요.

Daily Luck Action Note

〈데일리 운 액션 노트〉에 당신의 운을 기록해보세요.

Daily Luck Action Note

〈데일리 운 액션 노트〉에 당신의 운을 기록해보세요.

Daily Luck Action Note

〈데일리 운 액션 노트〉에 당신의 운을 기록해보세요.

Daily Luck Action Note

〈데일리 운 액션 노트〉에 당신의 운을 기록해보세요.

Daily Luck Action Note

〈데일리 운 액션 노트〉에 당신의 운을 기록해보세요.